삶과 죽음의 철학에서 진리를 구하다
# 소크라테스의 변론
# 파이돈

## 소크라테스의 변론 / 파이돈
삶과 죽음의 철학에서 진리를 구하다

**초판 1쇄 발행** 2008년 4월 10일 **초판 3쇄 발행** 2016년 7월 20일
**지은이** 플라톤 **옮긴이** 문창옥 김영범 **펴낸이** 이영선 **편집 이사** 강영선 **주간** 김선정
**편집장** 김문정 **편집** 임경훈 김종훈 하선정 유선 **디자인** 정경아
**마케팅** 김일신 이호석 김연수 **관리** 박정래 손미경 김동욱

**펴낸곳** 서해문집 **출판등록** 1989년 3월 16일(제406-2005-000047호)
**주소** 경기도 파주시 광인사길 217(파주출판도시) **전화** (031)955-7470 **팩스** (031)955-7469
**홈페이지** www.booksea.co.kr **이메일** shmj21@hanmail.net

© 2008, 서해문집
ISBN 978-89-7483-343-5 03160
값 11,900원

서해클래식 018

삶과 죽음의 철학에서 진리를 구하다

# 소크라테스의 변론
# 파이돈

플라톤 지음 | 문창옥·김영범 옮김

서해문집

# 플라톤의 생애와 '소크라테스적 대화편'

**호메로스**
고대 그리스의 서사시인(?~?). 《일리아스》와 《오디세이아》라는 고전을 남기면서 고대 그리스의 위대한 시인으로 추앙받았다.

**문학적 재능과 철학적 사유 능력의 환상의 조합**

플라톤Platon은 기원전 428년 혹은 427년 여름에 태어나 348년 내지 347년에 죽은 것으로 알려져 있다. 그가 어디에서 태어났는지에 대한 정확한 기록은 없다. 그러나 그는 아테네의 상류 계층에 속하는 귀족 가문에서 태어났다. 그래서 비록 그의 어린 시절과 청소년 시절은 아테네가 스파르타와 줄곧 전쟁을 벌이던 시기에 속하지만 그는 당시의 귀족 자제들이 받은 교육을 충분히 받으면서 자랐을 것이다. 당시 귀족 자제들은 대개 문법 교육과 시가 교육 그리고 체육 교육을 받았다. 일부 기록에 의하면 플라톤은 어렸을 때부터 그림을 그리고 글을 쓰는 데 비상한 재주를 보였다. 특히 그는 호메로스를 무척 좋아하고 또 존경한 것으로 알려져 있다. 이처럼 천부적인 문학적 재능을 지닌 플라톤은 비극경연대회에 참여하려고 했다가 소크라테스가 만류하자 디오

**탁월한 문학적 재능**
플라톤은 탁월한 문학적 재능으로 비극경연대회에 참여하려고도 했다. 사진은 고대 그리스 에피다우로스 극장.

니소스 극장 앞에서 자신의 작품들을 불살랐다는 기록이 전해지기도 한다.

　어렸을 때부터 보인 문학적 재능은 플라톤이 나중에 철학자가 되었을 때 더욱 빛을 발하였다. 플라톤은 소크라테스가 재판을 받고 죽은 후에 평생을 철학에 몰두하면서 소크라테스를 주인공으로 하는 여러 편의 대화편을 저술하여 오늘날 우리에게 전해 준다. 그의 대화편은 그 풍부한 철학적인 내용뿐 아니라 문학적인 탁월성으로 많은 사람들을 매혹시켰다. 그리고 현재 우리가 알고 있는 소크라테스의 모습은 거의 전적으로 플라톤이 묘사해 놓은 것이다. 플라톤의 대화편에 등장하는 소크라테스가 대단히 매력적인 인물로 오늘날까지 많은 사람들의 관심을 끌고 있는 것도 사실상 천재적인 문학적 재능과 더불어 타의 추종을 불허할 정도의 철학적 사유 능력을 겸비한 플라톤 덕분이라고 할 수 있다. 그래서 플라톤이 그의 여러 대화편에서 이상적인 철학자의 모습으

**플라톤**
플라톤의 문학적 재능과 철학적 사유 능력으로 소크라테스는 오늘날까지 살아 숨 쉬는 매력적인 인물로 남았다. 플라톤의 흉상.

로 그리는 소크라테스의 모습이 플라톤의 문학적 상상력에 의해 창조된 것인지 아니면 역사적으로 실존했던 소크라테스의 모습 그대로인지에 대한 논란이 오늘날까지도 계속되고 있다. 그렇기는 하지만 소크라테스가 인류 역사상 가장 탁월한 인물 가운데 한 사람으로 인정받게 된 것이 전적으로 플라톤의 문학적, 철학적 재능 때문이었다고 보는 것은 무리일 것이다. 소크라테스의 삶과 그의 철학적 활동이 플라톤에게 끼친 영향이 크지 않았더라면 플라톤이 오늘날 우리가 알고 있는 것처럼 자신의 스승을 기리는 데 몰두했을 리가 없기 때문이다. 플라톤은 소크라테스에게서, 이상적인 철학자에 어울리는 고결한 인격을 갖추고 또 그에 걸맞은 삶을 산 인물을 발견했을 것임에 틀림없다.

### 플라톤, 소크라테스를 만나다

소크라테스와 플라톤의 만남은 두 사람의 인생에서뿐 아니라 인류 역사에서도 아주 중요한 사건이었다. 무엇보다도 소크라테스의 생애에서 플라톤과의 교제는 중요한 사건이었을 것이다. 앞서 지적했듯이 소크라테스는 플라톤이라는 탁월한 인물을 제자로 둔 덕분에 인류의 역사상 가장 위대한 인물 가운데 하나로 우뚝 설 수 있었기 때문이다. 소크라테스가 플라톤을 제자로 둔 것이 그의 최대의 행복이었듯이, 플라톤이 소크라테스를 스승으로 모시게 된 것 또한 플라톤의 일생에서 중요한 사건이었다고 해야 할 것이다. 만일 플라톤이 소크라테스를 만나 그의 삶과 인품 그리고 철학적 활동에 감명을 받아 철학에 몰두하지 않았더라면, 서구의 지성사는 크게 달라졌을 것이다.

소크라테스가 플라톤을 언제 만났는지에 대한 정확한 자료는 없다. 그러나 기록에 의하면 소크라테스는 처음 플라톤을 만나기 전날 꿈을 꾸었다. 이 꿈에서 소크라테스는 백조 새끼를 무릎 위에 놓고 있었는데, 곧 이 백조 새끼에게 날개가 돋더니 기쁜 듯이 소리를 내면서 창공으로 날아가 버리더라는 것이다. 그 다음 날 플라톤을 소개받은 소크라테스는 그를 보자마자 '이 친구가 바로 그 백조로군.'이라고 말했다고 한다. 이때 플라톤은 대략 열두 살에서 열네 살 사이였을 것으로 추정된다. 그러나 플라톤이 소크라테스를 정식으로 스승으로 삼은 것은 스무 살 때라고 기록은 전한다. 그렇다면 플라톤은 소크라테스가 죽을 때까지 8년 동안 그의 충실한 제자로 남아 있었던 셈이다.

### 철학의 외길

스승 소크라테스가 재판을 받고 처형된 사건에 너무나 충격을 받은 플라톤은 자신의 일생을 철학에만 몰두하기로 결심한다. 명문 귀족가문 출신의 많은 청년들이 그러했듯이 청년 플라톤 역시 정치 활동에 많은 관심을 갖고 있었다. 그러나 그는 정치 활동에 대한 꿈을 포기하였다. 30인 참주●정의 폭압정치에 대한 환멸, 그리고 특히 스승 소크라테스의 재판과 죽음이 가져다준 충격 때문이었다.

기원전 404년, 아테네와 스파르타의 전쟁은 27년 만에 스파르타가 아테네를 최종적으로 굴복시키면서 끝이 났다. 승리한 스파르타에는 아테네 도시를 완전히 파괴할 것을 주장하는 테베인과 코린토스인들이 있었지만 스파르타는 이를 무시하고 스파르타에 호의적인 30인 참주정부를 아테네에 수립한다. 그런데 이 30인 참주정치를 주도한 인물들이 공교롭게도 플라톤 및 소크라테스와 가까운 관계에 있었다. 30인 참주들 중 크리티아스와 카르미데스가 가장 주도적인 인물이었는데, 그들은 플라톤의 가까운 친척이었다. 그래서 그들은 플라톤에게 함께 일할 것을 권유했고, 한때 플라톤 역시 새로 등장한 과두정부가 훌륭한 정치를 할 것이라는 희망을 품고 있었다. 그러나 이 희망은 곧 절망과 환멸로 이어졌다. 스파르타를 등에 업고 등장한 30인 참주들은 잔인하고 폭압적인 권력을 행사하였고 그 과정에서 1,500명이 넘는 시민들의 생명을 앗아

**소크라테스와 플라톤**
중세 필사본에 나타난 소크라테스와 플라톤.

● **참주** 고대 그리스에서 비합법적으로 권력을 획득하여 지배자가 된 사람.

**페리클레스**
고대 그리스 아테네의 정치가·군인(기원전 495?~기원전 429), 그는 민주정치의 기초를 마련하고 외교적 평화를 유지시켰고, 아테네는 그의 통치 시기 동안 전성기를 구가했다. 플라톤은 30인 참주정에 비하면 이 시기는 황금시대였다고 말했다.

갔다. 이 폭력적인 상황을 목도한 플라톤이 30인 참주정에 비하면 그 이전의 민주정은 황금시대처럼 보인다고 말할 정도였다. 앞서 아테네 민주주의에 대한 강렬한 비판의식을 품고 있던 플라톤이 30인 참주정치에 대해 그토록 실망을 했다는 것을 보면 30인 참주들의 잔인성과 폭력성이 얼마나 심각했는지를 짐작해 볼 수 있다.

아무튼 30인 참주정치는 곧바로 시민들의 저항을 받아 무너지고 아테네에는 다시 민주주의가 복원된다. 이 복원된 민주주의 하에서 일어난 사건이 바로 소크라테스의 재판과 그의 죽음이었다. 기원전 399년 소크라테스가 사형선고를 받고 죽자 플라톤은 정치 활동을 펼쳐 보려는 희망을 완전히 접고 철학자의 삶을 선택한다.

**플라톤, 소크라테스를 그리다**

소크라테스가 죽은 후 플라톤은 평생에 걸쳐 다수의 작품을 저술하였는데 이 저작들 중 대다수에서 소크라테스가 주요 인물로 등장한다. 오늘날까지 플라톤의 저작으로 전해 내려오는 것은 40여 편의 대화편과 열세 통의 편지다. 그러나 이들이 다 플라톤이 직접 쓴 것으로 간주되지는 않다. 이는 저술이 플라톤이 실제로 쓴 것인가 하는 것은 예로부터 플라톤을 연구하는 학자들 사이에 진지한 논제가 되어 왔다. 진위 여부를 떠나 오늘날 대다수의 학자들이 플라톤의 작품으로 인정하는 대화편의 수는 대략 25편 정도다.

그중에서도 소크라테스의 진면목을 이해하는 데 특히 중요한 것은 소크라테스의 죽음을 직접적으로 다루고 있는 네 편의 대화편, 곧 《에우티프론》과 《크리톤》, 그리고 여기에 번역된 《소크라테스의 변론》과 《파이돈》이다. 이 네 대화편은 플라톤의 저작 중 초중기에 씌어진 것들로, '소크라테스적 대화편'으로 통한다. 이들 대화편에서 나오는 내용은 플라톤 자신이 중후기에 내놓은 철학이론과는 달리 실제 소크라테스의 철학적 활동을 사실에 가깝게 묘사하고 있다고 판단되기 때문이다. 《에우티프론》에서의 대화 주제는 '경건함이란 무엇인가' 라는 것으로 대화 장소는 법정 바로 앞이다. 신을 믿지 않고 젊은이들을 타락시킨다는 죄목으로 기소된 소크라테스가 이와 관련된 진술을 하기 위해 법정에 출두하러 가는 도중에 법정 앞에서 에우티프론이라는 사람을 만나서 대화가 이루어진다. 《크리톤》에서의 대화는 소크라테스가 처형되기 바로 전날에 발생하는데, 이 대화편에서 소크라테스는 그에게 탈옥을 권유하는 친구들과 더불어 탈옥이 정당한지를 논의한다. 잘 알려져 있듯이 소크라테스는 탈옥 권유를 물리친 후 독배를 마시고 죽는다.

**소크라테스**
플라톤의 여러 저작의 주요 인물로 등장하는 소크라테스. 그중 소크라테스의 진면목을 알 수 있는 저작은 그의 죽음을 다룬 네 편의 대화편이라 할 수 있다.

플라톤의 생애와 '소크라테스적 대화편'   4

## 소크라테스의 변론

1차 진술   어찌 나에게 죄가 있다 하시오?   14

● 진리, 그것만이 내가 좇을 길   55

2차 진술   따져 묻지 않는 삶은 가치가 없습니다   62

3차 진술   단지 죽을 때가 된 것일 뿐   68

# 차례

**파이돈**

제1장   소크라테스가 죽음을 두려워하지 않는 이유 ......... 78

제2장   불멸에 대한 예비적 논증 ......... 104

● 플라톤의 목소리를 듣다 ......... 138

제3장   시미아스와 케베스의 반론 그리고 시미아스의 대답 ......... 144

제4장   케베스에 대한 답변: 최후 '증명' ......... 167

제5장   마지막 장면 ......... 192

**플라톤 연보**   214

**일러두기

1. 이 책에 실린 〈소크라테스의 변론〉의 옮긴이는 문창옥, 〈파이돈〉의 옮긴이는 김영범이다. 〈소크라테스의 변론〉은 《Plato: Collected Dialogues》(Princeton University Press: Princeton, New Jersey, 1961) 중 〈Socrates' Defence (Apology)〉를 기본 대본으로, 〈파이돈〉은 《Plato's Phaedo》(Routledege, 2001)를 기본 대본으로 《Phaedo》(Focus Pub./R. Pullins, 1998), 《Plato's Phaedo》(Cambridge University Press, 1972)를 참고하여 번역하였다.
2. 지명, 인명 등 고유명사의 표기는 원칙적으로 '한글맞춤법'과 '외래어표기법'을 따랐다. 다만 관용적으로 쓰이는 경우는 관례에 따라 표기하였다.
3. 원문은 장 구분 없이 이어지지만 이 책에서는 옮긴이가 내용 흐름에 따라 장을 구분하였다. 〈소크라테스의 변론〉의 장 제목은 편집자가, 〈파이돈〉의 장 제목은 옮긴이가 달았다.
4. ● 표기한 주는 옮긴이 주이다.

# 소크라테스의 변론

1차 진술

# 어찌 나에게 죄가 있다 하시오?

아테네인 여러분! 나는 여러분이 나를 고소한 사람들의 말을 듣고 어떻게 느끼셨는지 알지 못합니다. 하지만 나는 그들의 그럴듯한 말에 하마터면 내가 누구였는지조차 잊을 뻔했습니다. 그들의 말은 그만큼 너무도 그럴듯했습니다. 그렇지만 그들의 말에는 한마디도 진실이 없었습니다. 그들의 거짓말 중에 특히 나를 놀라게 한 것이 하나 있습니다. 그것은 나의 유창한 말솜씨에 여러분이 속아 넘어가지 않도록 조심해야 한다고 말한 대목입니다. 그들은 그런 말을 하면서 부끄러운 기색이라도 보였어야 한다고 생각합니다. 왜냐하면 내가 입을 열면 바로 나의 어눌함이 드러날 터이고, 결국 그들은 곧바로 들통 날 거짓말을 하고 있었기 때문입니다. 물론 그럴 리는 없겠지만, 유창한 말솜씨라는 게 진실을 말하는 것이라고 한다면, 나는 내가 유창하게 말할 수 있다고 해야 하겠습니다.

내가 말했듯이, 그들은 한마디도 진실을 말하지 않았지만 여러분은 이제 나에게서 진실만을 듣게 될 것입니다. 하지만 아테네인 여러분, 맹세코 나는 그들처럼 미사여구로 꾸며 대며 말하지 않을 것입니다. 나는 그때그때 생각나는 말로 꾸밈없이 말하려고 합니다. 왜냐하면 내가 하려는 말이 옳다고 확신하기 때문입니다. 그런 까닭에 아테네인 여러분, 여러분은 그 이상의 어떤 것을 기대하지 않으셨으면 합니다. 더구나 이 나이에 여러분 앞에서 젊은이들이 하듯이 다듬어진 어투로 말을 한다는 것도 못할 짓일 겁니다. 그래서 여러분에게 한 가지 간곡히 부탁하려고 합니다. 아마 여러분은 내가 환전상에서나 그 밖의 시내 곳곳에서 말하는 것을 들은 적이 있을 것입니다. 이제 내가 변론하면서 평소의 습관대로 말하더라도 놀라거나 나무라지 말아 주셨으면 합니다. 나이 칠십이 넘어 난생 처음 법정에 선 까닭에 이곳에서 쓰는 말이 나에게는 익숙하지 않습니다. 내가 다른 나라에서 온 사람이라면 거기서 쓰던 말과 어투로 얘기한다 해도 여러분은 너그러이 이해해 주시리라 믿습니다. 내 말을 그렇게 이해하시고 들어 주셨으면 합니다. 때로 내 말투가 마음에 들지 않더라도 괘념치 마시고 내 주장이 옳은지 옳지 않은지만을 헤아려 들어 주시기 바랍니다. 그리고 내 이런 요청은 정당한 것이라고 생각합니다. 왜냐하면 진실을 말하는 것이 변론하는 사람의 덕목에 속하듯이 옳고 그름을 가리는 것은 재판관의 가장 중요한 덕목에 속하기 때문입니다.

아테네인 여러분, 먼저 나는 오래전부터 나를 고발한 사람들과 이들의 기짓된 고발에 대해 변론하고, 그런 다음 나중에 고발한 사람들과 이들의 거짓된 고발에 대해 변론해야겠습니다. 왜냐하면 비록 터무니없는 내용이기는 했지만 이미 여러 해 전부터 나를 고발한 사람들이 많았기 때문입니다. 나는 이들이 아니토스와 그의 패거리*보다 더 두렵습니다. 아니토스의 패거리도 무서운 사람들이지만 이들은 더욱 무

**실레노스**
주신(酒神) 디오니소스의 스승이자 동료 실레노스는 지혜롭고 용모가 추하다는 면에서 소크라테스와 닮았다고 전해지는데, 이들은 두꺼운 입술, 납작한 코에 대머리로 묘사된다.

● 소크라테스를 고소한 아니토스와 멜레토스, 리콘을 가리킨다. 온건한 지도자로 알려진 아니토스는 당시 아테네에서 대단한 정치적 영향력을 지닌 인물이었다. 그는 아테네가 스파르타에 완전히 항복한 기원전 404년 아테네에 등장한 30인 참주정치가들을 피해 외국으로 망명했다가 기원전 403년 30인 참주정치를 무너뜨리고 민주정을 회복하는 데 큰 공을 세웠다. 소크라테스의 재판에서 소크라테스를 법정에 직접 고소하고 선서를 한 인물은 멜레토스였는데, 아니토스가 멜레토스를 전면에 내세운 까닭은 소크라테스를 직접 고소하는 것이 자신의 정치적 위상에 어울리지 않는다고 생각했기 때문이었을 것이다.

**아리스토파네스**
소크라테스가 자신에 대한 헛소문을 퍼트렸다고 언급하는 희극작가는 아리스토파네스(기원전 448?~기원전 380?)다. 실제로 아리스토파네스는 《구름》이라는 희극작품에서 소크라테스를 주인공으로 내세워, 아테네의 전통과 관습을 파괴하는 소피스트적 인물로 풍자했다. 그러나 아리스토파네스가 소크라테스를 그의 작품에서 주인공으로 등장시켜 신랄하게 풍자한 것이 전적으로 악의에 찬 것은 아니었고 또 소크라테스와 아리스토파네스 사이의 관계가 단순히 적대적인 것도 아니었던 것으로 보인다. 왜냐하면 《소크라테스의 변론》에서와 달리 소크라테스와 아리스토파네스가 함께 등장인물로 나오는 플라톤의 《향연》을 보면 이들은 서로 진지하게 대화하는 사이로 묘사되어 있기 때문이다.

서운 사람들입니다. 이들은 나에 대한 거짓된 비난으로 여러분 가운데 많은 사람들을 어렸을 적부터 현혹시켜 왔기 때문입니다. 거짓말이란 게 이렇습니다. "소크라테스라는 지혜로운 자가 있는데 그는 하늘의 일을 궁리하고 땅속에 있는 온갖 것들에 대해 탐구하며, 부실한 주장을 견실한 주장보다 더 그럴듯하게 포장할 수 있는 인물이야." 아테네인 여러분, 진정으로 위험천만한 고발자들은 바로 이런 소문을 퍼트리고 다닌 사람들입니다. 왜냐하면 이런 말을 들은 사람은 누구나, 그런 것에 깊이 관심을 가진 자라면 틀림없이 신을 믿지 않으리라고 생각하게 될 것이기 때문입니다. 더구나 그렇게 소문을 퍼트린 사람들은 예전부터 지금까지 한둘이 아닙니다. 그들은 여러분이 가장 감수성이 예민하던 어린 시절이나 청소년 시절부터 그래 왔습니다. 그래서 사실상 그들의 주장은 바로 승소한 셈이 되었습니다. 왜냐하면 그들에 맞서 나를 변호하는 사람이 아무도 없었기 때문입니다. 그리고 무엇보다도 난처한 점은 희극작가 한 사람을 제외하고는, 내가 그 사람들의 이름을 몰라서 말씀드리지 못한다는 사실입니다. 질투심에서 나를 비방하기 위해 중상모략으로 여러분을 꼬드겨 온 사람들, 이 중에는 남에게서 들은 것을 단순히 옮기는 사람들도 더러 있겠는데, 나는 참으로 이런 부류의 사람들을 어찌해야 할지 모르겠습니다. 불러다 따져 물을 수도 없기 때문입니다. 대꾸하는 사람이 아무도 없는데 혼자 따지고 변론해야 하는 상황이니 말입니다. 그러니 이제 나를 고발한 사람들 가운데는 두 부류가 있다는 점에 주목해 주시기 바랍니다. 지금 이 자리에 나를 불러 세운 사람들과 방금 말씀드린 사람들입니다. 그리고 내가 오래전부터 나에 관해 험담한 사람들을 상대로 먼저 변론해야 할 처지라는 점도 여러분께서 이해해 주시리라 믿습니다. 왜냐하면 여러분도 최근의 고발보다 이들의 험담을 더 오랫동안 들어서 그 이야기가 더 깊이 뇌리에 박혀 있을 것이기 때문입니다.

아테네인 여러분, 그럼 이제 변론을 시작하겠습니다. 나는 여러분이 오랫동안 가지고 있던 나에 대한 편견을 아주 짧은 시간에* 바로잡아야 합니다. 나의 변론이 성공해서 나와 여러분 모두에게 득이 되었으면 합니다. 그러나 나는 이것이 그렇게 쉽지 않을 것이라고 생각합니다. 나는 내가 해야 할 일의 성격을 잘 알고 있습니다. 아무튼 결과는 신의 뜻에 맡기기로 하고, 나는 법률이 정한 바에 따라 변론하겠습니다.

처음으로 돌아가서, 나를 그토록 평판이 나쁜 사람으로 만들고 급기야 멜레토스로 하여금 나를 고발하게끔 한 죄상이란 게 무엇이었는지 짚어 보기로 하겠습니다. 대체 나를 비난하면서 한 말이 무엇일까요? 일단 그들을 정당한 고발자로 간주하고 그들이 쓴 고소장을 읽어 보기로 하겠습니다. '소크라테스는 땅과 하늘의 일을 탐구하고 부실한 주장으로 견실한 주장을 논박하며 다른 사람들에게도 이런 것들을 가르치는 악행을 저지르고 있다.' 고소장은 대강 이런 내용입니다. 사실 이런 내용은 여러분도 아리스토파네스의 희극에서 직접 본 적이 있을 것입니다. 이 희극을 보면 소크라테스라는 인물이 등장하는데, 그는 이리저리 돌아다니며 자기가 공중에서 걸어 다닐 수 있다고 말하는가 하면 나로서도 무슨 소린지 도무지 알 수 없는 말들을 계속해서 지껄입니다. 이런 것들을 이해할 수 있는 식견을 실제로 가지고 있는 사람이 있을지도 모르겠습니다. 하지만 그런 식견을 업신여길 생각으로 이런 말을 하는 것은 아닙니다. 멜레토스가 이를 문제 삼아 죄목에 추가할까 염려됩니다. 하지만 아테네인 여러분, 사실상 나는 그런 것에는 아무런 관심도 없습니다. 나는 여러분 대다수에게 나의 증인이 되어 줄 것

**희극인형**
아리스토파네스의 《구름》에서 소크라테스는 자연에 대해 탐구하며 궤변을 일삼는 우스꽝스러운 인물이자 수단과 방법을 가리지 않고 논쟁에서 이기는 법을 가르치는 대가로 돈을 받는 교사로 등장한다. 사진은 고대 그리스 희극 등장인물을 나타낸 테라코타 인형.

● 재판은 하루 종일 이어졌는데, 그중 1차 변론을 위해 피고에게 주어지는 시간은 세 시간 가량이었다.

을 요청합니다. 내가 말하는 걸 들은 적이 있는 사람들이 많을 줄 압니다. 그런 사람들 모두에게 호소합니다. 이제 터놓고 솔직히 말씀해 주십시오. 여러분 가운데 누구든지 내가 그런 문제들을 놓고 짧게든 길게든 말하는 것을 들어 본 적이 있는지 서로 확인해 주십시오. 이렇게 확인하고 나면 여러분은 나에 관해 떠도는 다른 소문들도 똑같이 근거 없다는 사실을 깨달을 것입니다.

그 어느 것도 결코 사실이 아닙니다. 또 여러분이 내가 사람들을 가르치고 그 대가로 돈을 받는다는 말을 들은 적이 있다고 해도 이 또한 사실이 아닙니다. 사실 나로서는 그런 일이 있었더라면 좋았겠습니다. 왜냐하면 레온티노이 사람 고르기아스˙나 케오스 출신의 프로디코스˙, 또는 엘리스에서 온 히피아스 같은 사람들처럼 누군가를 가르칠 수 있는 재능이 있다면 이 또한 좋은 일이라 여겨지기 때문입니다. 이들은 어느 나라를 가든지 그곳의 젊은이들을 설득하여, 아무 대가 없이 사귈 수 있는 자기 나라 사람들은 버려두고 유독 자신들에게 오도록 만들고, 또 그 대가로 돈을 내게 할 뿐 아니라 심지어 그렇게 해 준 데에 대해 고마워하게까지 할 수 있습니다.

또 파로스 출신의 현자賢者 한 사람도 이곳에 찾아와 머물고 있다는 것을 알고 있습니다. 이 사실은 히포니코스의 아들 칼리아스˙를 우연히 만나면서 알게 되었습니다. 칼리아스는 다른 사람들이 소피스트˙들에게 지불한 돈 전부보다도 더 많은 돈을 지불한 사람입니다. 여러분이 알다시피 그에게는 두 아들이 있습니다. 그래서 그에게 물었습니다.

"칼리아스, 자네 아들들이 망아지나 송아지라면 이들의 타고난 자질을 잘 조련시킬 사람을 찾는 것은 어렵지 않을 걸세. 소나 말에 걸맞은 자질을 찾아 조련시킬 말 조련사나 농사꾼을 고용하면 될 테니 말이네. 하지만 자네 아들들은 동물이 아닌 사람 아닌가? 그러니 이들을

훌륭하게 가르쳐 줄 사람으로 누굴 생각하고 있는가? 인간으로서 그리고 사회인으로서 갖추어야 할 덕성을 잘 가르칠 만한 사람은 누구인가? 자네에겐 두 아들이 있으니 분명히 이런 것을 곰곰이 생각해 봤을 것이라 여기네. 그런 사람이 있던가?"

"물론 있네." 하고 그가 대답했습니다.

그래서 다시 물었지요.

"그게 누군가? 어느 나라 사람인가? 그리고 얼마를 받나?"

"파로스 사람 에우에노스인데, 5므나*를 받네, 소크라테스." 그가 대답했습니다.

### 고대의 교육
고대 그리스에서 소년들은 읽기와 쓰기, 체육, 음악 수업을 받았다. 사진은 스승에게 교육받는 제자의 모습을 나타낸 고대 로마 부조.

●**므나** 당시 아테네의 화폐 단위. 1므나는 100드라크마의 가치에 해당되는 것이었다. 1드라크마가 당시 아테네의 숙련공의 하루 일당이었으므로, 1므나는 숙련된 장인이 100일 동안 일하고 받는 임금에 해당되는 것이다.

이 말을 들은 나는 에우에노스가 실제로 그런 재능이 있고 또 그런 액수의 수업료에 걸맞게 가르치고 있다면 칭송받아 마땅하다는 생각이 들었습니다. 내게도 그런 지식이 있어서 그렇게 가르칠 수 있었다면 이를 자랑스럽게 여기고 자부심을 느꼈을 것입니다. 하지만 아테네인 여러분, 나는 사실상 그런 지식을 가지고 있지 못합니다.

그런데 여러분 중에 이렇게 따져 묻는 사람이 있을지도 모르겠습니다.

"소크라테스, 대체 당신이 하는 일이 뭐요? 어째서 당신에 대한 이런 편견이 생겨난 거요? 당신은 뭔가 남다른 행동을 한 것이 분명하오. 당신이 다른 사람들처럼 평범하게 처신했다면 이런 소문이나 험담이 생겨나지 않았을 테니 말이오. 당신도 우리가 멋대로 상상하는 것은 원하지 않을 테니 솔직히 털어놓아 보시오."

그렇습니다. 이런 추궁이 얼마든지 가능하다고 봅니다. 따라서 나는 이처럼 근거 없는 소문으로 유명세를 타게 된 까닭이 무엇인지를 밝히려고 합니다. 그러니 계속 경청해 주시면 고맙겠습니다. 어쩌면 여러분 가운데는 내가 농담한다고 생각하는 사람이 있을지도 모르겠지만 분명히 말씀드리건대 나는 진실만을 말할 것입니다.

아테네인 여러분, 내가 유명세를 타게 된 것은 오직 내가 가지고 있는 지혜 때문입니다. 무슨 지혜냐고요? 아마 인간의 지혜라고 할 수 있을 것입니다. 그리고 바로 이런 의미에서라면 실제로 나는 지혜롭다고 생각합니다. 그런데 내가 앞서 언급한 사람들은 이와 달리 그 이상의 어떤 지혜를 가지고 있는 것처럼 보입니다. 그런 것이 아니라면 달리 어떻게 말해야 할지 모르겠습니다. 물론 나는 이런 지혜를 알지 못합니다. 그런데도 내가 그런 지혜를 가졌다고 주장하는 사람이 있다면 그는 나를 헐뜯기 위해 거짓말을 하고 있는 것입니다. 아테네인 여러분, 혹시 내가 뭔가 허황된 이야기를 한다 싶어도 가로막지 말고 끝까지 들어

**아폴론의 마차**
델포이의 신은 그리스 신화의 태양신 아폴론을 가리킨다. 아폴론은 의료·예언·음악의 신이다. 조반니 바티스타 크로사토(1686~1758) 작.

수십시오. 왜냐하면 내가 하려고 하는 말은 내가 혼자 지어낸 말이 아니라 충분히 신뢰할 만한 증인에게서 나온 말이기 때문입니다. 나는 이제 나의 지혜를 증언해 줄 증인으로 델포이의 신을 내세우려고 합니다. 여러분도 카이레폰●에 대해서 아실 것입니다. 그는 어렸을 적부터

● **카이레폰** 카이레폰은 아리스토파네스의 《구름》에서 소크라테스의 제자로 등장한다. 실제로 그는 소크라테스의 아주 가까운 제자이자 동지였다. 그는 소크라테스와 가까이 지낸 사람들 중 드물게 민주주의자였으며, 기원전 404년 30인 참주정치로 인해 추방되었다가 민주주의가 다시 복원되자 아테네로 귀환했다. 그러나 안타깝게도 소크라테스가 재판을 받을 당시 이미 죽고 없었다.

1차 진술

**델포이의 아폴론 신전**
델포이에 있는 아폴론 신전에서는 여사제 피티아가 사람들에게 신탁을 전해 주는데, 그 신탁은 모호하기 짝이 없었다고 한다. 또 이 신전 입구에는 소크라테스가 한 말로 널리 알려진 '너 자신을 알라'라는 유명한 경구가 새겨 있다. 하지만 사실 이 말을 한 사람은 그리스의 철학자 탈레스로 추정된다.

내 친구였습니다. 그리고 민주파의 일원으로 최근에 여러분 중 몇몇 분과 같이 추방당했다가 복권復權되어 돌아온 사람입니다. 여러분도 그가 어떤 사람인지, 그리고 일단 시작한 일에는 얼마나 열성적으로 뛰어드는 사람인지 알고 계실 것입니다. 그런데 그가 언젠가 델포이의 신전에 가서 나보다 더 지혜로운 사람이 있는지 어떤지를 물어본 적이 있습니다. 그러자 신전의 여사제는 소크라테스보다 더 지혜로운 사람은 없다고 대답했습니다. 카이레폰은 지금 세상을 떠나고 없습니다. 하지만 이 법정에 와 있는 그의 동생이 이 이야기가 사실임을 증언해 줄 것입니다.

내가 이런 말을 하는 까닭을 잘 헤아려 주시면 고맙겠습니다. 그것은 다만 나에 대한 편견이 어떻게 생겨났는지 설명하기 위해서입니다. 그 신탁을 전해 들었을 때 나는 속으로 생각했습니다.

'도대체 신은 무슨 뜻으로 그런 말을 한 것일까? 이런 수수께끼 같은 대답을 어떻게 이해해야 할까? 나에게 딱히 내세울 만한 지혜가 없다는 것은 내가 잘 안다. 그렇다면 내가 가장 지혜로운 사람이라고 말한 것은 무슨 뜻일까? 신이 거짓말을 했을 리는 없다. 신이 거짓말을 한다는 것은 있을 수 없는 일이니.'

나는 한동안 이 말뜻을 놓고 고민했습니다. 그러다가 비록 썩 내키지는 않았지만 그 말이 사실인지 직접 확인해 보기로 마음먹었습니다. 우선 나는 지혜롭기로 이름난 사람을 찾아가 보기로 했습니다. 만일 나보다 더 지혜로운 사람을 찾아낼 수만 있다면 나는 신탁에 대해 이렇게 반박할 수 있을 것이라 생각했기 때문입니다. "당신은 내가 가장 지혜로운 사람이라고 했지만 여기 나보다 더 지혜로운 사람이 있습니다."

그래서 지혜롭기로 명성이 자자한 사람을 만나 이야기를 해 보았습니다. 그 사람의 이름까지 밝힐 필요는 없을 것 같고 정치인 가운데 한 사람이었다는 사실만 말씀드리겠습니다.● 그런데 그 사람과 이야기를 나누면서 나는 이런 느낌을 받았습니다. 즉 많은 사람들이 그를 지혜롭다고 생각하고 또 그 자신도 그렇게 믿고 있는 것처럼 보였지만 사실상 그는 지혜롭지 않다는 것을 말입니다. 그래서 나는 그가 지혜롭다는 것이 그 자신의 생각일 뿐 실제로는 지혜롭지 않다는 점을 깨우쳐 주려고 했습니다. 그리고 이 때문에 그뿐만 아니라 그 자리에 있던 다른 많은 사람들에게서 미움을 사게 되었습니다. 하지만 그곳을 나오면서 이렇게 생각했습니다.

'내가 이 사람보다는 지혜롭다. 이 사람도 나도 모두 진정으로 아름다운 것이나 진정으로 좋은 것이 무엇인지 모른다는 점에서는 매한가지다. 하지만 그는 자신이 모르는 것을 안다고 생각하지만 나는 내가 모른다는 것을 잘 알고 있다. 비록 작은 차이이긴 하지만 나는 내가 모르는 것을 안다고 생각하지 않는다는 점에서 그보다 지혜로운 것 같다.'

그 후 나는 훨씬 더 지혜롭다고 소문난 사람을 찾아갔지만 거기서도 같은 결론을 얻게 되었습니다. 그리고 이 때문에 나는 또 그 사람은 물론이요, 다른 많은 사람들의 미움을 사게 되었습니다.

이후 계속해서 나는 여러 사람을 찾아다녔습니다. 이런 일로 내가 남들의 미움을 산다는 길 알고 괴롭기도 하고 불안히기도 했지만 신의 뜻을 따르는 것이 가장 중요하다고 생각했기 때문입니다. 신탁의 의미를 깨닫고 싶었기 때문에 나는 지혜롭다는 사람이면 누구나 찾아가 볼 수밖에 없었습니다. 아테네인 여러분, 맹세코 여러분께 진실만을 말하건대 신의 뜻을 이해하려고 묻고 다니는 동안 내가 얻은 결론

● 소크라테스가 이름을 직접 거명하진 않지만 연설을 듣고 있던 아테네인들은 그가 바로 아니토스임을 쉽게 짐작했을 것이다.

은 솔직히 이랬습니다. 즉 최고의 명성을 얻고 있는 사람들은 사리분별이 부족한 반면 오히려 이들보다 보잘것없는 사람들의 분별력이 더 뛰어나 보였다는 사실입니다.

이제 신탁이 결국 옳았음을 깨닫게 되기까지 내가 겪은 일들을 이야기해야 하겠습니다. 나는 내가 결코 지혜롭지 않다는 것을 분명히 보여 줄 수 있을 것이라 믿고 정치인들 다음으로 시인들을 찾아

**디오니소스 극장**
시인들은 뜻도 모르면서 작품을 쓰는데도 모든 것을 잘 안다고 생각한다. 19세기 독일 백과사전에 실린, 고대 그리스의 전형적인 극장인 디오니소스 극장을 재현한 그림. 디오니소스 극장은 그리스 최초의 극장으로 합창과 연극경연대회가 그곳에서 벌어졌다.

갔습니다. 극작가, 서사시인 등을 두루 찾아다녔습니다. 그리고 그때마다 나는 그들의 작품 중에서 가장 훌륭해 보이는 몇 편을 골라, 그들이 나에게 뭔가를 가르쳐 줄 것이라고 희망하면서 그 작품의 의미가 무엇인지를 자세히 물었습니다. 그런데 아테네인 여러분, 여기서 사실을 밝히기가 부끄럽습니다. 그래도 말해야 하겠지요. 그것은 시를 직접 쓴 작가보다도 옆에 있던 사람들이 오히려 작품에 대해 한층 더 잘 설명했다는 점입니다. 나는 곧바로 깨달았습니다. 시인은 지혜로 시를 쓰는 것이 아니라 타고난 재능이나 영감 같은 것으로 쓴다는 것을 말입니다. 그들은 마치 점쟁이나 예언자가 그렇듯이 아주 훌륭한 언설로 이런저런 것들을 이야기하지만 정작 그 뜻은 모르고 있었습니다. 그뿐만 아니라 나는 그들이 자신들이 시인이기 때문에, 다른 모든 일에서도 가장 지혜롭다고 믿고 있다는 것을 알았습니다. 사실은 그렇지 않은데도 말입니다. 그래서 나는 내가 정치인보다 낫다고 생각한 이유와 똑같은 이유에서 내가 시인보다 낫다고 생각하면서 시인을 찾아다니는 일을 그만두었습니다.

마지막으로 나는 장인匠人들을 찾아갔습니다. 나는 내가 기술에는

**장인**
장인들 역시 자신들의 기술 외의 분야에 대해서도 기술만큼 잘 안다고 착각한다. 대장간 풍경을 나타낸 고대 그리스 부조.

사실상 문외한이라는 것을 잘 알고 있는 터라 그들에게서 내가 갖고 있지 않은 지식을 발견할 수 있으리라 확신했습니다. 이 점에서 장인들은 나를 실망시키지 않았습니다. 그들은 내가 미처 모르는 것들도 알고 있었기 때문입니다. 그런 점에서 그들은 나보다 더 지혜로웠습니다. 하지만 아테네인 여러분, 이 뛰어난 전문가들도 내가 시인들에게서 발견한 잘못을 그대로 반복하고 있는 듯 보였습니다. 자신들의 기술에 대해 정통한 만큼 그들은 그 밖의 중요한 일들에 대해서도 완벽하게 알고 있다고 주장했습니다. 그리고 이런 그들의 주장 때문에 그들의 뛰어난 지혜가 빛을 바래고 있었습니다. 그래서 나는 스스로 신탁의 대변자가 되어 마음속으로 나 자신에게 물었습니다. '내가 지금처럼 저들의 지혜도 없고 저들의 어리석음도 없는 편이 나은가, 아니면 저들처럼 지혜와 어리석음을 모두 가지고 있는 편이 나은가?' 나는 신탁의 대변자인 나 자신에게 지금처럼 있는 편이 좋겠다고 답했습니다.

아테네인 여러분, 이렇게 따져 들면서 캐묻고 다닌 결과 나를 향한 많은 적개심이 생겨났습니다. 특히 그런 적개심 가운데는 내가 지혜의 스승이라는 등의 여러 가지 악의적인 주장을 낳을 만큼 끈질기고 심한 것도 있었습니다. 이렇게 된 데에는 다음과 같은 이유가 있습니다. 내가 어떤 주제에 대해 누군가의 주장을 논박하는 데 성공할 때면, 주위에서 지켜보던 사람들은 내가 그 주제에 대해 모든 것을 알고 있다고 생각했다는 사실입니다. 하지만 아테네인 여러분, 진실은 정녕 이렇습니다. 즉 진정한 지혜는 신에게 속한다는 것, 그리고 신은 이 말을 통해서 인간의 지혜란 하찮은 것임을 경고하고 있다는 것입니다. 그러니 신이 소크라테스라는 이름을 들어 말한 것도 사실상 나를 지목한 것이라기보다는 단지 내 이름을 예로 들어 다음과 같이 우리 인간에게 말한 것에 지나지 않는다는 생각이 들었습니다. "너희 인간에게 이르노니, 너희 중에 가장 지혜로운 자는 소크라테스처럼 지혜와 관련해서 자신은 보잘것없다는 사실을 깨달은 자이니라."

이것이 내가 이곳의 시민이건 다른 나라 사람이건 지혜롭다는 생각이 들면 신의 명령에 따라 찾아가 따져 묻고, 또 누군가가 지혜롭지 않다고 생각되면 그가 지혜롭지 않다는 사실을 밝힘으로써 신탁을 뒷받침하려고 노력한 이유입니다. 이 때문에 나는 너무 바빠서 나랏일은 물론이요 집안일도 제대로 할 수 없었습니다. 또 이처럼 신에게 헌신하며 살다 보니 나는 지금 매우 가난합니다.

내가 평판이 나쁜 이유가 또 있습니다. 부유한 집안에서 태어나 여가 시간이 많은 젊은이들은 자진해서 나를 따라다녔습니다. 내가 사람들에게 따져 묻는 것이 재미있어 보였기 때문입니다. 이들이 나를 흉내 내어 사람들에게 따져 묻는 경우도 종종 있었습니다. 아마 그들은 무엇인가를 안다고 생각하지만 실제로 거의 알지 못하거나 전혀 알지 못하는 그런 사람들을 쉽게 찾을 수 있었을 것입니다. 그리고 이런 젊은이들에게 봉변을 당한 사람들은 그 젊은이들을 제쳐 두고 나에게 화풀이를 했습니다. 소크라테스라는 고약한 사람이 있는데, 그자가 젊은이들에게 그릇된 생각을 잔뜩 주입시키고 있다는 식으로 말입니다. 만약 여

〈소크라테스에게 물을 붓는 크산티페〉
소크라테스는 자신이 신탁을 따르다 보니 바빠서 집안일도 제대로 할 수 없었다고 말한다. 그래서인지 소크라테스의 아내 크산티페는 남편을 이해하지 못하고 못되게 굴었다고 전해지는데, 그림은 크산티페가 소크라테스에게 물을 들이붓자 소크라테스가 능청스럽게 능쳤다는 일화를 보여 준다. 라이어 반 블루먼달의 1655년경 작.

러분이 그런 사람들에게 소크라테스가 대체 무슨 짓을 하고 무엇을 가르쳐서 그러는지를 묻는다면, 그들은 대답하지 못할 것입니다. 그들은 그것이 무엇인지 모르기 때문입니다. 하지만 그들은 할 말이 없는 상황을 모면하고자 할 때면, 어떤 철학자들에게나 할 수 있는 손쉬운 비방을 늘어놓습니다. 하늘 위에 있는 것과 땅속에 있는 것을 아이들에게 가르치고, 신을 믿지 않으며, 부실한 주장으로 견실한 주장을 논박한다는 등이 그런 것이지요. 그들은 아무것도 모르면서 아는 체하고 있다는 사실이 드러나자 이떻게든 감추고 싶었을 것입니다. 그들은 명예욕이 강하고 정력이 넘치는 자들이어서 때로 몰려다니며 그럴듯한 거짓말을 만들어 내어 오래전부터 여러분의 귀에 못이 박히도록 나에 대한 격한 비난을 퍼부었습니다.

여러분은 이제 멜레토스와 아니토스와 리콘이 나를 고발한 까닭을 알게 되었을 것입니다. 멜레토스는 작가를 대변하고 아니토스는 장인과 정치인을 대변하며 리콘은 변론가를 대변합니다. 처음에 말씀드렸듯이, 내가 이 짧은 시간에 여러분 머릿속에 깊숙이 박혀 있는 나에 대한 편견들을 없앤다는 것은 참으로 어려운 일입니다.

아테네인 여러분, 이것이 진실입니다. 나는 큰 일이든 작은 일이든 그 어떤 것도 빠뜨리거나 감추지 않고 말씀드리는 것입니다. 이런 솔직한 말투가 사람들이 나를 싫어하는 이유가 된다는 것도 잘 알고 있습니다. 그런데 바로 이 점이야말로 내가 진실을 말하고 있다는 것, 그리고 나에게 쏟아진 비방의 성격이나 이유에 대해서 내가 정확히 진술해 왔다는 사실을 입증해 준다고 생각합니다. 이 자리에서건 아니면 나중이건 여러분이 나의 진술을 곱씹어 본다면, 지금 내가 말한 것이 모두 사실임을 깨닫게 될 것입니다.

나를 오래전부터 고발한 사람들의 고발 내용에 대한 변론은 이만하면 충분하다고 생각합니다. 이제 고결한 인품의 애국자임을 자처하는 멜레토스의 고발에 대해 변론하고, 이어서 나머지 사람들의 고발에 대해 변론하겠습니다.

먼저 이들의 고소장을 처음 접했다고 생각하고 그 고소장을 다시 살펴보겠습니다. 내용은 대강 이렇습니다. '소크라테스는 젊은이들을

**탈레스**
하늘 위에 있는 것과 땅속에 있는 것을 가르친다는 것은 자연철학을 가리킨다. 15세기 책에 실린 탈레스(?~?) 그림. 자연철학의 선구자라 할 수 있는 탈레스는 만물의 근원을 물로 보았고, 천문학적 지식을 바탕으로 일식日蝕을 예언하기도 했다.

타락시키고 국가가 인정한 신들을 믿지 않고 자신이 만든 우상들을 믿는 죄를 범하고 있다.' 이것이 고소장의 요지입니다. 이제 이 내용을 하나하나 따져 보기로 하겠습니다.

우선 이 고소장에 따르면 내가 젊은이들을 타락시키고 있기 때문에 죄가 있습니다. 하지만 아테네인 여러분, 멜레토스야말로 아주 중대한 일을 가볍게 다루는 죄를 범하고 있습니다. 왜냐하면 그는 아주 하찮은 문제로 사람들을 법정에 세우고 있고, 또한 실제로는 한번도 관심을 가져 본 적이 없는 일에 대하여 마치 대단한 열정과 관심이 있는 체하고 있기 때문입니다. 나는 여러분에게 이것이 사실임을 밝혀 드리겠습니다.

자, 멜레토스. 이리 와서 내 질문에 대답해 보게. 자네는 우리 젊은이들이 되도록 최상의 환경조건에서 자라야 한다는 것이 가장 중요하다고 생각할 걸세. 그렇지 않나?

"그렇습니다."

좋네. 그렇다면 이제 여기 모인 사람들에게 말해 보게. 누가 젊은이들에게 더 좋은 영향을 주고 있는지 말이네. 자네는 이 일에 관심이 많으니까 분명히 알고 있을 걸세. 자네는 내가 아주 나쁜 영향을 끼치고 있다고 하여 나를 고소하고 이 사람들 앞에 나오게 했잖나. 여기 모인 사람들이 누가 젊은이들에게 좋은 영향을 주는 사람인지 알 수 있도록 크게 말해 주게.

"……."

멜레토스, 왜 꿀 먹은 벙어리가 되었는가? 왜 대답을 못하는 겐가? 자네는 그러고 있는 것이 부끄러운 일일 뿐만 아니라, 자네가 이 문제에 아무런 관심도 없다는 나의 말을 충분히 입증하는 것이라고 생각하지 않는가? 말해 보게, 이 사람아. 누가 젊은이들에게 더 좋은 영향을 주는지를 말일세.

"법률입니다."

여보게, 내가 묻는 것은 그게 아니네. 그런 법률을 알고 있는 사람이 누구인지를 묻고 있는 것이네.

"여기 있는 사람들, 그러니까 배심원들입니다. 소크라테스님."

멜레토스, 자네는 저 배심원들이 젊은이들을 교육하여 더 나은 사람으로 만들 능력이 있다고 말하는 것인가?

"물론입니다."

그렇다면 저 배심원들 모두가 그렇다는 것인가, 아니면 일부만 그렇다는 것인가?

"배심원들 모두입니다."

대단한 일이네. 젊은이들을 선량하게 만들 사람이 이렇게 많다니 말일세. 그럼 이 법정에 나와 있는 참관인들은 어떤가? 그들도 젊은이들에게 좋은 영향을 주는가? 어떤가?

"그분들도 그렇습니다."

그럼 평의회* 의원들은 어떤가?

"그분들도 마찬가지입니다."

그렇다면 멜레토스, 국민의회* 의원들도 역시 젊은이들을 타락시키지는 않겠지? 어떤가? 그들 역시 젊은이들에게 좋은 영향을 주는가?

"네, 그렇습니다."

그렇다면 나를 제외한 아테네 사람들 모두가 젊은이들에게 좋은 영향을 주는데, 오직 나만 그들을 망쳐 놓고 있다는 말이로군. 자네가 말하고자 하는 것이 이것인가?

"바로 그렇습니다."

그렇다면 자네는 내가 정말 불쌍한 사람임을 알려 준 셈일세. 그럼 달리 묻겠네. 말〔馬〕의 경우를 놓고 생각해 보기로 하세. 자네는 세상

---

● **평의회** 평의회는 아테네 민주주의 체제를 구성하는 기구 중 하나로, 열 개 부족에서 선출된 사람들로 구성된다. 각 부족에서는 30세 이상인 남자 시민 대표 50여 명씩을 매년 추첨에 의해 선출하는데, 한 부족에 속하는 각 부락은 그 규모에 따라 적게는 세 명에서 많게는 스물두 명을 선출하게 된다. 그러나 같은 사람이 두 번 이상 평의회 의원으로 선출될 수는 없었다. 이렇게 해서 도합 500명의 평의회 의원들이 뽑히게 되는데, 1년을 10으로 나눈 각 분기 동안 한 부족의 의원들 50명이 평의회의 운영(실무)위원회를 구성한다.

● **국민의회** 국민의회는 아테네의 최고 의결 기구로, 20세 이상의 아테네 남성 시민들로 구성된다. 500인 평의회에 의해 통과된 안건은 민회에서 대체로 거수 투표에 의한 다수결을 통해 의결된다. 국민의회에서는 외교 문제, 재정, 선전 포고와 군사 작전 등 나라의 중대사와 관련된 문제를 의결하며, 장군 선발, 심지어는 나라의 안위와 관련된 범죄에 대한 재판까지 담당했다.

모든 사람이 말을 잘 길들이는데 오직 한 사람만 그러지 못할 수 있다고 생각하는가? 사실은 오히려 이와 정반대라고는 생각하지 않는가? 말을 길들이는 능력은 한두 명의 말 조련사에게 있고 대다수의 사람들은 말을 이용하면서 오히려 말에게 해를 끼치고 있다고 봐야 하는 것 아닌가? 멜레토스, 말뿐만 아니라 다른 모든 동물의 경우에도 내 말이 이치에 맞다고 생각하지 않는가? 자네와 아니토스가 이 사실을 인정하건 부정하건, 내 말이 옳을 걸세. 단 한 사람만 젊은이들에게 해악을 끼치고 나머지 세상 사람 모두가 좋은 영향을 준다면, 젊은이들에게는 더 없이 좋은 일일 걸세. 이제 더는 말할 필요가 없을 것 같네. 멜레토스, 자네가 젊은이들에 대하여 한 번도 고민해 보지 않았다는 증거가 충분히 드러났네. 그러니 자네는 지금 나를 고소하면서 그 이유로 내세우고 있는 일들에 대해서도 최소한의 관심조차 가진 적이 없었다는 것을 분명하게 보여 준 셈이네.

**크세노폰**
'소크라테스의 재판'을 기록으로 남긴 사람은 플라톤만이 아니다. 군인 겸 작가 크세노폰(기원전 431?~기원전 350?) 역시 《소크라테스 회상》이란 작품에서 소크라테스에 대한 기록을 남겼는데, 플라톤의 문장보다 깊이가 떨어진다는 평을 듣는다.

또 한 가지 짚고 넘어갈 일이 있네, 멜레토스. 진지하게 대답해 주게. 자네는 착한 사람들과 함께 사는 것이 좋은가, 아니면 못된 사람들과 함께 사는 것이 좋은가? 대답해 보게. 어려운 질문이 아니니 쉽게 대답할 수 있을 걸세. 못된 사람들은 가까이 사는 사람들에게 못된 짓을 하고, 선한 사람들은 좋은 일을 하지 않겠나?

"분명히 그렇습니다."

이 세상 사람 중에 함께 사는 사람들에게서 도움을 받기보다는 해코지 당하고 싶은 사람이 있겠나? 이보게, 대답해 보게. 법이 자네에게 대답하라고 명하고 있네. 해코지 당하는 것을 더 좋아할 사람이 있을까?

"물론 없습니다."

자, 그러면 자네는 젊은이들을 타락시켜 그들의 품성을 더 못되게 만든다는 죄목으로 날 이 법정에 불러 세웠는데, 내가 고의로 그랬다는 것인가 아니면 본의 아니게 그랬다는 것인가?

"고의로 그랬다고 생각합니다."

멜레토스, 자네는 그 젊은 나이에 이 늙은이보다 훨씬 더 지혜로우니 대체 어찌된 일인가? 자네는 못된 사람은 가까이 사는 이웃에게 항상 못된 짓을 하고, 착한 사람은 좋은 일을 한다는 것을 이미 알고 있는데, 나는 어째서 이웃사람에게 못된 짓을 하면 해코지를 당하게 된다는 것도 모를 만큼 이렇게 한없이 무지해야 하는가 말이네. 그렇게 무지하지 않고서야 어떻게 내가 그런 일을 의도적으로 할 수 있겠나? 멜레토스, 나는 이런 일이 있을 수 있다고 보지 않네. 세상 사람 누구나 나처럼 생각할 걸세. 나는 못된 짓을 하지 않았거나, 했더라도 고의로 한 것은 아니네. 그러니 어느 경우가 되었든 자네의 고소 내용은 거짓이네. 백번을 양보하여 내가 본의 아니게 못된 짓을 했다 해도, 그런 경우라면 나를 형사피고인으로 법정에 세울 것이 아니라 한쪽으로 불러내어 개인적으로 질책하고 훈계하는 것이 올바른 일이네. 나는 열려 있는 사람이니 그런 훈계를 들었으면 부지중에 한 일들을 다시 하지 않았을 것이 분명하네. 하지만 자네는 예전부터 나를 친구로 받아들이려 하지도 않았고 또 깨우쳐 주려고 하지도 않았네. 그리고 이제 와서는 깨우침이 필요한 사람이 아니라 형벌을 받아야 할 사람이 서도록 되어 있는 이 법정에 나를 불러 세웠네.

아테네인 여러분, 앞에서 내가 말한 것처럼, 멜레토스가 이 문제에 대해서 조금도 관심이 없었다는 것이 이제 분명해졌습니다.

그렇기는 하지만 멜레토스, 내가 젊은이들을 타락시키고 있다고 한 말이 무슨 뜻인지 말해 주게. 물론 고소장을 보면 내가 젊은이들에게 국가에서 인정한 신 대신에 새로운 우상을 믿도록 가르치기 때문에 고발한다고 되어 있네. 자네 말은 나의 이런 가르침이 젊은이들을 타락시킨다는 것인가?

"제가 주장하는 것이 바로 그것입니다."

그렇다면 멜레토스, 우리가 지금 말하고 있는 신의 이름을 걸고, 나와 배심원들에게 자네의 입장을 좀 더 명확하게 설명해 주기 바라네. 왜냐하면 나로서는 자네가 하고자 하는 말의 요지가 무엇인지 납득이 안 되기 때문이네. 내가 사람들에게 어떤 신이든 신을 믿으라고 가르치고 있다는 것인가? 만일 그렇다면 그것은 내가 신을 믿는다는 말이 되고, 그래서 나는 완전한 무신론자가 아닌 셈이 되니 내가 무신론자라서 죄가 있다는 자네의 고발은 근거 없는 것이 되네. 그게 아니라 단지 내가 국가가 인정한 신과 다른 신을 믿기 때문에 나를 고소한 것인가? 아니면 내가 어떤 신도 믿지 않을 뿐만 아니라 사람들에게도 신을 믿지 말라고 가르친다는 말인가?

"그렇습니다. 제가 말하려고 하는 것은 당신이 그 어떤 신도 결코 믿지 않는다는 것입니다."

멜레토스, 자네 말이 놀랍네. 그렇게 말하는 자네의 저의가 대체 뭔가? 혹시 누구나 믿고 있듯이 태양과 달이 신이라는 것조차 나는 믿지 않는다는 말을 하려는 것인가?

"배심원 여러분, 저 사람은 분명히 신을 믿지 않습니다. 태양은 돌이고 달은 흙덩어리라고 말하는 것을 보면 알 수 있습니다."

여보게, 멜레토스. 혹시 자네는 나를 아낙사고라스로 착각하고 고소하고 있는 것 아닌가? 아니면 배심원들을 업신여기는 것인가? 여기 배심원들이 클레조메니아 사람인 아낙사고라스가 쓴 책에 자네가 말한 학설들이 가득 차 있다는 사실도 모를 만큼 무식한 사람들이라고 생각하는가? 그리고 자네는 정말로 젊은이들이 그런 학설들을 나에게서 배운다고 주장하는 것인가? 이런 것은 젊은이들이 장터에 가서 1드

**아낙사고라스**

기원전 480년경에 아테네로 와서 약 30년 가량을 머무르면서 아테네 민주주의 전성기를 이룩한 페리클레스와 친분을 맺고 그에게 큰 영향을 주었다고 알려져 있다. 아낙사고라스 철학의 중심은 지성, 정신 혹은 이성의 뜻을 지닌 누스(Nous) 개념이었는데, 그는 이를 사물의 궁극적 원리로 파악했다. 《소크라테스의 변론》에서는 소크라테스가 아낙사고라스와 무관한 사람으로 등장하지만, 《파이돈》을 보면 소크라테스 역시 한때 누스를 만물의 원리로 주장하는 그의 사상에 큰 관심을 가진 적이 있던 것으로 묘사되어 있다. 본문에서 아낙사고라스가 쓴 책이라고 언급되는 책은 《자연에 관하여》를 가리킨다.

**드라크마**
아테나 여신이 찍힌 4드라크마 주화.

라크마만 주면 언제든지 사서 볼 수 있는 것 아닌가? 그러니 만약 내가 그 학설들을 내 것이라고 주장한다면, 그 학설들이 엉터리라는 것은 차치하고라도 그들은 나를 비웃을 것이네. 자, 멜레토스, 솔직히 말해 보게. 내가 정말로 아무런 신도 믿지 않는다고 생각하나?

"예, 전혀 믿지 않는다고 생각합니다."

멜레토스, 나는 자네 말을 믿지 못하겠네. 자네는 자네 자신도 믿지 못하는 것 같다는 생각이 드네.

아테네인 여러분, 내가 보기에 이 사람은 이기심으로 똘똘 뭉친 오만방자한 사람 같습니다. 이 사람은 오만방자한 마음에서 나를 벌하겠다고 고소한 것입니다. 이 사람은 다음과 같은 생각을 하면서 나를 시험하기 위해 수수께끼를 내고 있는 것처럼 보입니다. '과연 영리한 사람인 소크라테스는 내가 단순히 즐기기 위해 들이대는 주장 속에 모순이 들어 있다는 것을 알아차릴 수 있을까? 내가 소크라테스와 여기 법정에 있는 모든 사람들을 속일 수 있을까?'

내가 보기에 분명히 멜레토스는 고소장에서 모순되는 말을 하고 있습니다. 요컨대 이런 것입니다. '소크라테스는 신을 믿지 않기 때문에 죄가 있지만 신을 믿기 때문에 죄가 있다.'

아테네인 여러분, 내가 어째서 이런 결론에 이르게 되었는지 함께 짚어 보기로 하겠습니다.

멜레토스, 자네는 내 질문에 대답할 의무가 있네.

여러분도 내가 처음에 부탁드린 내용을 기억할 것입니다. 내가 평소의 버릇대로 말하더라도 중간에 중단시키지 말고 조용히 경청해 달라고 한 것 말입니다.

멜레토스, 이 세상에 인간의 행위가 있다는 것은 믿으면서 인간이 존재한다는 것은 믿지 않는 사람이 있을까?

아테네인 여러분, 멜레토스가 답변하게 해 주십시오. 그리고 내 말에 자꾸 끼어들지 못하게 해 주십시오.

멜레토스, 말(馬)의 행동이 있다는 것은 믿는데 말이 있다는 것은 믿지 않는 사람이 있을까? 아니면 음악연주가 있다는 것은 믿으면서 음악연주가가 있다는 것은 믿지 않는 사람이 있을까? 이보게, 그런 사람은 없네. 자네가 대답하기 싫다면 내가 자네와 여기 있는 사람들에게 그리 대답할 것이네. 하지만 이번 질문에는 대답해야 하네. 초자연적인 일이 벌어진다는 것은 믿으면서 초자연적인 존재가 있다는 것은 믿지 않는 사람이 있을까?

"없습니다."

이 법정에 모인 사람들 덕택에 간신히 듣게 된 것이긴 하지만 어쨌든 나로선 자네의 대답을 듣게 되어 참으로 다행이네. 그러면 들어 보게, 자네는 내가 초자연적 일들을 믿고 또 이런 것을 다른 사람들에게 믿도록 가르친다고 주장했네. 초자연적 일들이 예전 것이든 새로운 것이든 말일세. 그러니 자네의 진술에 따르면 사실상 나는 초자연적 일들을 믿는 사람이네. 실제로 자네는 법정선서에서 그렇게 진술하고 맹세까지 했네. 이제 자네 말대로 내가 초자연적 일들을 믿는다면, 내가

**아울로스 연주**
소크라테스는 자신이 무신론자라는 주장에 반박하기 위해, 신의 행위인 초자연적인 일의 발생을 믿으면서 신이 있다는 것을 믿지 못할 수는 없다며 음악연주가 있는데 음악연주가가 있음을 믿지 못할 수는 없다는 것에 비유한다. 기원전 490년경 도기에 그려진 고대 그리스의 관악기 아울로스를 연주하는 사람.

초자연적 존재를 믿는다는 사실이 필연적으로 뒤따라 나오네. 그렇지 않은가? 당연히 그렇다네. 자네가 대답하지 않으니 내 말에 동의하는 것으로 여기겠네. 그런데 우리는 초자연적 존재가 신이거나 신의 자식이라고 생각하지 않는가? 자네는 어떤가?

"물론 그렇습니다."

그렇다면 자네가 주장하듯이 내가 초자연적 존재를 믿고, 또 초자연적 존재가 신이라면, 방금 내가 말한 것처럼 자네는 재미삼아 나를 시험해 본 것이라는 결론에 이르게 되네. 처음에는 내가 신을 믿지 않는다고 했다가 나중에는 내가 초자연적인 존재들을 믿으니까 신을 믿는다고 하였으니 말일세. 다른 한편으로, 만약에 이러한 초자연적 존재들이 흔히들 말하는 것처럼 요정이나 다른 어떤 존재들에게서 태어난 신의 서출들이라고 한다면, 세상에 누가 신의 자식들이 있다는 것은 믿으면서 신이 있다는 것은 믿지 않을 수 있겠나? 그것은 마치 망아지나 새끼 당나귀가 있다는 것은 믿으면서 말이나 당나귀가 있다는 것은 믿지 않는 것처럼 이상한 일일 걸세. 그러니 멜레토스, 자네가 내 지혜를 시험해 보기 위해서 나를 고소했거나 아니면 나를 고소할 진짜 죄목을 찾아내지 못했거나 둘 중의 하나일 수밖에 없네. 조금이라도 분별력이 있는 사람이라면, 초자연적이고 신성한 일들이 있다는 것은 믿으면서 초자연적이고 신성한 존재가 있다는 것은 믿지 않을 수 있다는 자네의 생각에 동조하지 못할 걸세.

아테네인 여러분, 사실 나는 멜레토스의 고소에 대해 많은 변론이 필요치 않다고 생각합니다. 내가 이미 말한 것만으로 충분합니다. 하지만 내가 변론을 시작하면서 말한 것, 그러니까 내가 많은 사람들에게 심한 적개심을 불러일으켰다는 것은 여전히 사실입니다. 그리고 내가 유죄판결로 파멸하게 된다면 나를 파멸시키는 것은 바로 이런 적개

심입니다. 멜레토스도 아니요, 아니토스도 아닙니다. 나를 파멸시키는 것은 많은 사람들의 시기와 비방입니다. 이런 시기와 비방은 선량한 많은 사람들을 파멸시켰고 또 앞으로도 그럴 것이라 생각합니다. 이런 일이 나에게서 멈추리라 생각하지 않습니다. 누군가는 이렇게 물을지도 모르겠습니다. "소크라테스, 당신은 늘 그렇게 처신하다가 이제 죽을지도 모르는 위험한 처지에 놓이게 된 것이 부끄럽지 않소?"

나는 그에게 올바르게 대답해 줄 수 있을 것입니다.

"이보시오, 죽느냐 사느냐를 놓고 줄곧 고민하면서 사는 것이 가치 있는 삶이라고 생각한다면 잘못이오. 조금이라도 가치 있는 삶을 사는 사람이라면 오직 한 가지, 즉 자신이 올바르게 행동하고 있는지 그릇되게 행동하고 있는지, 그러니까 자신이 선한 사람처럼 행동하는지 악한 사람처럼 행동하는지만을 고심해야 한다는 말이오. 그런데 당신의 주장대로라면 트로이에서 죽은 영웅들은 목숨을 헛되이 버린 사람들이오. 특히 테티스의 아들*이 그렇소. 기억할지 모르겠지만, 여신이던 그의 어머니가 헥토르*를 죽이겠다고 열을 내던 그에게 경고했음에도 그는 불명예를 안고 사는 것보다 죽음의 위험을 감내하는 쪽을 선택했소. 그의 어머니는 아마 다음과 같이 말했을 것이오. '얘야, 네가 만약 네 친구 파트로클로스의 죽음에 대해 복수하려고 헥토르를 죽이면, 너도 죽게 될 게다. 헥토르 다음에는 네가 죽을 운명이니 말이다.' 그러나 어머니의 이런 경고를 듣고도 그는 죽음의 위험을 선택했소. 친구의 복수를 하지 않고 수치스럽게 살아가는 것이 죽음보다 더 두려웠기 때문이오. 그래서 그는 '배 곁에 놓인 지상의 짐처럼 세상에 살아남아 계속 조롱당하기보다는 차라리 친구의 원수를 갚고 죽게 해 주세요.'라고 말한 거요. 당신은 그가 죽음과 위험을 염려했다고 생각하시오?"

아테네인 여러분, 진실은 이렇습니다. 즉 사람이 일단 자신의 자리를 정했으면, 그것이 그에게 가장 좋아 보였기 때문이든 아니면 상관

● 트로이 전쟁의 영웅 아킬레우스를 가리킨다. 어렸을 적부터 호메로스의 시를 암송하던 아테네인들에게 여신 테티스가 아킬레스의 어머니라는 사실은 널리 알려져 있었기 때문에, 재판정에 있는 사람들은 이런 표현만으로도 알아차렸을 것이다.
아킬레우스는 트로이 전쟁 중 그리스 연합군 총사령관인 아가멤논의 무례한 행동에 화가 나 전쟁에서 발을 뺀다. 하지만 그리스 연합군이 트로이 군대에 연달아 패배하고, 가장 아끼는 친구인 파트로클로스가 트로이의 전사 헥토르에 의해 살해되자 복수를 위해 전투에 나서 혁혁한 전공을 세우게 된다.

● 헥토르 헥토르는 트로이의 왕 프리아모스와 헤카베의 아들로 호메로스의 《일리아스》에 등장하는 트로이의 대표적인 전사다. 그는 아킬레우스의 절친한 친구인 파트로클로스를 죽였으나 그의 복수를 원하는 아킬레우스와 자웅을 겨룬 끝에 패배하여 죽는다.

〈테티스가 아킬레우스에게 무구를 건네다〉
테티스는 아들을 불사의 몸으로 만들기 위해 스틱스 강에 담갔지만 발뒤꿈치만 넣지 못해 아킬레우스는 발뒤꿈치가 급소로 남았다. 그림은 테티스가 헤파이스토스에게 부탁하여 만든 특별한 무구武具를 아들에게 건네는 장면이다. 크리스티앙 빌헬름 에르네스트 디트리히의 1766년 작.

● 소크라테스는 다른 아테네 시민들처럼 전쟁에 자발적으로 참여했다. 당대 아테네인들의 사고방식에 따르면 전쟁에 참여하는 것이야말로 자유인인 시민이 누릴 수 있는 권리이면서 의무이기도 했다. 여기서 소크라테스가 전쟁에 참여한 이야기를 하는 것은 자신 역시 시민으로서의 의무를 소홀히 하지 않았음을 내세워 아테네 시민들을 설득하려는 의도다.
그가 참여한 전투는 모두 스파르타와 아테네 사이에 벌어진 펠로폰네소스 전쟁의 와중에 일어난 것이다. 기원전 432년 벌어진 포테이다이아 전투는 펠로폰네소스 전쟁의 서막을 알렸으며 당시 소크라테스의 나이는 37세였다. 델리온 전투와 앰피폴리스 전투는 각 기원전 424년, 422년에 벌어졌다. 특히 포테이다이아 전투에서 그는 놀라운 용기와 인내력을 보여 주어 상을 받게 되었으나 그 상을 알키비아데스에게 양보했다는 일화가 있다.

의 지시를 받았기 때문이든, 그는 죽음이든 그 밖의 무엇이든 괘념치 말고 오직 불명예만을 생각하면서 위험을 무릅쓰고 그곳에 머물러 있어야 한다는 것입니다.

그렇기 때문에, 아테네인 여러분! 여러분이 선임한 나의 상관이 포테이다이아와 앰피폴리스, 그리고 델리온의 전투●에서 나에게 위치를 정해 주었을 때, 나는 다른 병사들처럼 죽음을 무릅쓰고 내 자리를 사수하였는데, 이제 내가 추측하고 믿듯이 신이 나에게 철학자로 살면서

펠로폰네소스 전쟁 전의 그리스 주변

나 자신과 다른 사람들에게 캐물으며 살라고 명령하였는데도 죽음이나 그 밖의 어떤 위험이 두려워 내 의무를 팽개쳐 버린다면, 나는 참으로 앞뒤가 맞지 않는 처신을 하는 셈이 됩니다. 그것은 끔찍한 일일 것입니다. 그리고 그런 경우라면, 내가 신을 믿지 않은 죄, 신탁에 불복종한 죄, 죽음을 두려워한 죄, 지혜롭지도 않으면서 지혜롭다고 생각한 죄로 이 법정에 소환되는 것이 사실상 정당할 것입니다. 아테네인 여러분, 죽음을 두려워하는 것은 지혜롭지 않으면서 지혜롭다고 생각

**전투**
소크라테스는 무장한 보병으로 스파르타와의 전쟁에 참가했다. 청동방패를 든 보병들이 서로를 공격하는 고대 전투 장면을 나타낸 부조.

하는 것과 같습니다. 그것은 알지 못하는 것을 안다고 생각하는 것이기 때문입니다. 죽음이 인간에게 주어질 수 있는 최대의 축복인지 최대의 재앙인지는 아무도 알지 못합니다. 하지만 사람들은 죽음이 마치 최대의 재앙이라고 확신하고 있기라도 하듯이 두려워합니다. 알지 못하는 것을 안다고 생각하는 바로 이런 무지無知야말로 정녕 비난받아 마땅합니다. 아테네인 여러분, 나는 바로 이 점에서 다른 사람들과 다르다고 생각합니다. 그리고 이것이 내가 다른 사람들보다 낫다고 보는 이유입니다. 그러니 만일 내가 어떤 측면에서든 내 이웃들보다 더 지혜롭다고 주장할 수 있다면, 바로 이런 점에서일 것입니다. 즉 나는 죽음 이후의 일에 대해 사실상 알지 못하기 때문에, 그 알지 못한다는 것을 명심하며 살고 있다는 점입니다. 그러나 나는 그릇된 일을 하는 것이나, 신이 되었든 인간이 되었든 더 훌륭한 자에게 불복하는 것이 잘못이며 부끄러운 일이라는 것을 알고 있습니다. 따라서 나로서는 내가 이미 악한 것으로 알고 있는 것들을 제쳐 두고, 어쩌면 축복일지도 모르는 것을 더 기피하거나 더 두려워해야 할 이유가 없습니다.

여러분이 아니토스의 말에 동조하지 않고 나를 무죄 방면해 준다고 하더라도 마찬가지입니다. 그는 내가 애당초 이 법정에 끌려오지 않았어야 했거나, 그렇지 않고 일단 여기에 끌려왔다면 사형에 처해져야 할 것이라고 말했습니다. 왜냐하면 내가 풀려나면 여러분의 자식들은 이 소크라테스가 가르치는 것을 실천하다가 곧장 타락하게 되리라는 이유 때문이지요. 그래서 여러분은 내게 이렇게 제안할 수 있을 것입니다.

"소크라테스, 우리가 이제 아니토스의 말을 무시하고 당신을 석방할 것이오. 하지만 한 가지 조건이 있소. 앞으로는 이런 것에 대해서 탐구하지 말고 또 사색하며 따져 묻지 말아 주시오. 만약 당신이 이런 일로 다시 잡히면 당신은 사형을 당하게 될 것이오."

여러분이 이런 조건으로 나를 방면하겠다고 한다면, 나는 이렇게 대답할 수밖에 없습니다.

"아테네인 여러분, 나는 여러분을 사랑하고 존경합니다. 하지만 나는 여러분의 명령에 앞서 신의 명령에 더 복종해야 합니다. 그래서 내가 살아 있고 능력이 남아 있는 한, 나는 사색하며 따져 물을 것이고 여러분에게 충고할 것이며 내가 만나는 모든 사람들에게 진리에 대해 설명할 것입니다. 나는 늘 하던 투로 말할 것입니다. '이보시오, 친구. 당신은 아테네 시민으로서, 가장 위대한 도시이자 지혜와 힘으로 세상에서 가장 유명한 도시인 아테네에 살고 있소. 그런 당신이 오로지 돈과 명성, 명예에만 관심을 쏟고 진리와 지혜나 영혼의 향상에는 주의를 기울이지도 않고 관심을 갖지도 않는다는 것이 부끄럽지 않소?'

만약 여러분 중에 누군가가 이 말에 이의를 제기하면서 자신도 이런 것들에 관심을 쏟고 있다고 말한다면, 나는 그를 내버려두지 않고 붙잡아 그 진의를 샅샅이 캐물을 것입니다. 그리고 만일 그가 공언公言은 했지만 사실상 덕을 쌓으려고 노력한 적이 없는 것으로 보이면 나는 그가 지극히 중요한 것들을 소홀히 하면서 사소한 것들에 관심을 쏟는다고 나무랄 것입니다. 나는 늙은이건 젊은이건, 아테네인이건 외국인이건 내가 만나는 모든 사람에게 그렇게 하겠지만 특히 여러분에게 더더욱 그렇게 할 것입니다. 여러분은 나와 동족으로서 더 가깝기 때문입니다. 이것은 신이 내게 맡긴 임무라는 점을 여러분에게 분명히 말씀드리고 싶습니다. 그리고 나는 신에 대한 나의 헌신보다 더 좋은 일이 이 나라에 사는 여러분에게 있었던 적이 없다고 믿습니다. 왜냐하면 나는 여러분이 나이가 들었건 젊었건 간에 육신이나 재산이 아니라 영혼을 최상의 상태로 이끄는 데 마음을 쓰도록 설득하는 일에 매달려 왔기 때문입니다. 내가 늘 강조했듯이, 재물에서 덕이 나오는 것이 아니라 사적으로든 공적으로든 덕에서 재물이나 그 밖의 좋은 일들이 생겨나는 것입니다. 그런데 만일 내가 하는 이런 말이 젊은이들을 타락시킨다면 그것은 해로운 것일 겁니다. 그러나 누군가 내 말이 지금 한 말과 다른 것이었다고 한다면, 그는 헛소리를 하고 있는 것입니다. 그러므로 아테네인 여러분, 아니토스의 말에 동의하든 말든, 또 나를 방면하든 말든, 그것은 여러분 마음대로 하십시오. 하지만 나는 내 행동을 바꾸지 않을 것입니다. 비록 이로 말미암아 내가 수백 번 죽게 된다고 하더라도 말입니다."

진정하십시오. 아테네인 여러분! 조용히 내 말을 경청해 달라고 한 나의 요청을 상기해 주십시오. 더구나 내가 하는 말은 여러분에게 득이 되리라 믿습니다. 물론 여러분은 이제부터 내가 하는 말을 들으면 고함을 지르며 항의할지도 모르겠습니다. 하지만 그렇더라도 참고 들어 주십시오. 분명히 말씀드리건대 이처럼 내가 어떤 사람인지 진솔하게 밝혔음에도 만일 여러분이 나를 사형에 처한다면, 이는 나보다도 여러분 자신을 해치는 일이 될 것입니다. 멜레토스나 아니토스는 결코 나를 해치지 못할 것입니다. 그들은 그럴 수 없는 사람들입니다. 왜냐하면 더 악한 사람이 더 선한 사람을 해친다는 것은 가당치 않은 일이라고 생각하기 때문입니다. 물론 나는 나를 고소한 사람 때문에 사형당하거나 추방되거나 시민권을 박탈당할 수는 있을 것입니다. 그리고 그 사람이나

〈명상 중인 철학자〉
소크라테스는 누가 뭐라건 신의 명령을 좇아 진리와 지혜를 탐구하고 영혼을 최상의 상태로 만드는 일에 전념하겠다고 이야기하여 법정을 술렁이게 한다. 렘브란트의 1632년 작.

그 밖의 다른 사람들은 이런 일이 커다란 재앙이라고 생각할지 모르지만, 감히 말씀드리건대 나는 그런 일이 그렇게 나쁜 것이라고 생각하지 않습니다. 그가 지금 하고 있는 것처럼 결백한 사람을 부당하게 사형시키려 하는 일이 더 사악한 것이라고 믿습니다. 그렇기 때문에, 아테네인 여러분, 나는 지금 누군가가 생각하듯이 결코 나 자신을 위해 변론한 것이 아니라 사실상 여러분을 위해서 변론하고 있는 것입니다. 여러분이 나에게 유죄판결을 내림으로써 신이 여러분에게 내린 선물을 잘못 다루는 일이 없게 하기 위해서 말입니다. 그래도 여러분이 나를 사형에 처한다면, 여러분은 나만 한 사람을 다시 만나기가 쉽지 않을 것입니다.

내 말이 다소 우습게 들리겠지만, 나는 신이 특별히 지목해서 이 나라에 보낸 등에와 같은 사람입니다. 왜냐하면 이 나라는 마치 덩치가 크고 혈통이 좋기는 하지만 그 큰 덩치 때문에 게으른 습성이 있어서

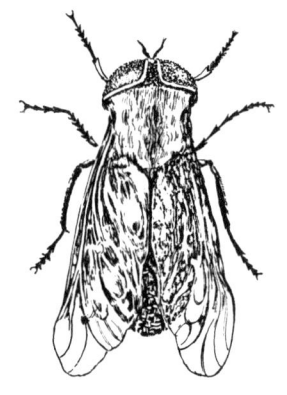

**등에**
등에는 파리목에 속하는 곤충으로 말이나 소에게 달라붙어 피를 빨아 먹는다. 이때 졸고 있던 말이나 소는 등에의 침에 놀라 깨게 된다.

이따금 등에에 물릴 필요가 있는 말과 같기 때문입니다. 신은 나더러 이런 등에의 역할을 하라고 이 나라에 붙어 살게 했다고 여겨집니다. 온종일 어디든 따라다니며 여러분 한 사람 한 사람을 자극하고 설득하고 나무라는 일을 멈추지 말라고 말입니다. 아테네인 여러분, 다시 말하지만 여러분은 나 같은 사람을 쉽게 찾을 수 없을 것입니다. 여러분이 내 말을 받아들인다면, 여러분은 나를 소중히 여길 것입니다. 그러나 어쩌면 여러분은 졸다가 등에에 물려 깨어난 사람처럼 홧김에 아니토스의 주장을 받아들여 나를 한방에 때려잡을지도 모르겠습니다. 그러면 여러분은 신이 여러분을 염려하여 나와 같은 사람을 다시 보내 줄 때까지 깨는 일 없이 계속 잠들어 있게 될 것입니다.

내가 정말로 신이 이 나라에 보낸 선물인지 어떤지는 다음의 사실들로 알 수 있을 것입니다. 나는 내 일을 팽개쳐 두고, 또 내 가족의 일마저 여러 해 동안 방치해 둔 처지에서 마치 여러분의 아버지나 형이 되기나 한 것처럼, 여러분 한 사람 한 사람을 사사로이 찾아다니며 덕을 쌓는 데 마음을 쓰도록 독려하는 일에 매달려 살아 왔습니다. 이것이 진정 자연스럽다고 생각하십니까? 내가 이런 일을 취미 삼아 했거나 그 대가로 돈을 받았다면, 그건 자연스레 밀이 될 것입니다. 하지만 여러분이 두 눈으로 보다시피, 나를 고소한 사람은 뻔뻔스럽게 온갖 종류의 죄목을 들고 있지만, 적어도 한 가지 점에서는 그러지 않았습니다. 바로 내가 누군가에게 보수를 받았다거나 요구했다는 걸 입증하기 위해 뻔뻔하게 증인을 들이대는 일입니다. 그들이 그럴 수 없었던 것은 아마도 나의 가난이 내 말이 진실임을 명백히 보여 주고도 남는 증거가 되기 때문일 것입니다.

내가 이처럼 여러분을 한 사람 한 사람 찾아다니며 조언하고 여러분의 사사로운 일에 관심을 가지는 데 열을 낸 반면 나랏일에 관해서는 결코 공개적으로 조언하지 않은 것이 이상하게 보일 수도 있겠습니다. 그 이유는 이렇습니다. 여러분은 이미 다른 곳에서 내가 신성한 경험이나 초자연적 경험을 한다고 말하는 것을 들었을 줄로 압니다. 이것은 멜레토스가 고소장에서 나를 조롱하는 투로 말한 것이기도 합니다. 그런데 나의 이런 경험은 어렸을 때 시작된 것으로, 나는 어떤 목소리 같은 것을 들을 때가 있습니다.● 이 목소리는 내가 어떤 일을 하려고 하면 언제나 이를 못하게 말릴 뿐, 결코 하라고 적극적으로 권유하는 일이 없습니다. 내가 나랏일에 관여하지 않은 것도 이 때문인데 지금 생각해 보면 이는 아주 잘한 일 같습니다. 왜냐하면 아테네인 여러분, 분명히 말씀드리지만, 만약 내가 오래전에 나랏일에 뛰어들려 했다면 나는 오래전에 목숨을 잃었을 것이고, 그래서 나 자신에게나 여러분에게나 그 어떤 득이 되는 일도 하지 못했을 것이기 때문입니다. 여러분은 내가 진실을 말하더라도 불쾌히 여기지 마시기 바랍니다. 누구든 나라에서 일어나는 온갖 부정과 불법을 근절하려고 대중이나 잘 조직된 민주체제에 단호하게 맞서려 하는 사람이 있다면 그는 살아남기 어려울 것입니다. 진정한 정의의 수호자로서 잠시라도 목숨을 부지하고자 한다면 사인私人으로 사는 데 머물러야 하며 공인으로서 나랏일에 관여해서는 안 된다는 말입니다.

이에 대한 확실한 증거들이 있습니다. 이 증거들은 단순한 말이 아니라 여러분이 매우 중시하는 사실들입니다. 내가 실제로 겪은 일들을 잘 새겨듣는다면, 여러분은 내가 단지 죽음의 공포 때문에 부당하게 어떤 권위에 굴복하는 일은 결코 없을 것이며, 오히려 목숨을 잃는 한이 있어도 그런 것을 거부하리라는 것을 깨닫게 될 것입니다. 여러분은 내 말을 법정에서 흔히 듣는 그렇고 그런 이야기로 여길지도 모르겠습니다만 이것은 실제로 있었던 일입니다.

아테네인 여러분, 나는 평의회 의원을 지낸 일 말고는 아테네에서

● 소크라테스가 들었다는 신적이거나 영적인 '다이모니온(daimonion)'의 소리가 정확히 무엇을 뜻하는지는 이해하기가 쉽지 않다. 소크라테스가 들었다는 이 영적인 소리를 인간의 내면적인 양심의 소리로 이해하는 경우도 있지만, 이런 해석이 적절한 것인지도 분명치 않다.

**지중해의 풍랑**
소크라테스는 법률에 근거하여, 바다에 빠진 병사들을 구하지 못한 지휘관들을 재판에 회부하는 데 반대의견을 냈다. 지중해에서 인 풍랑에 고초를 겪는 배를 나타낸 고대 로마 부조.

● 기원전 406년 아테네는 레스보스 섬 근처에서 스파르타 해군과 전투를 벌여 큰 전과를 올리며 승리했다. 그런데 당시 강한 풍랑으로 병사들을 제대로 구조하지 못한 장군들이 집단으로 문책을 받아 재판에 회부되었다. 이때 이 재판이 정당하지 못하다는 반론이 제기되었지만 흥분한 시민들은 한 사람의 반대로 '인민대중(시민들)이 원하는 것'을 하지 못한다는 것은 있을 수 없는 일이라며 즉석에서 결의하여 장군들을 처형하였다. 이로써 아테네는 전력에 큰 손실을 입었고, 이는 결국 아테네에 치명적인 결과를 가져왔다. 이 사건은 대중이 스스로 통치한다는 민주주의의 원리가 다수 대중의 무제한적 권력행사까지도 용인하는 것으로 해석될 경우 불행한 결과를 가져올 수 있다는 점을 예시한다고 하겠다.

공직에 오른 적이 없습니다. 그런데 내가 평의회 의원일 당시 여러분은 해상전투에서 바다에 빠진 병사들을 구하지 못한 열 명의 지휘관들을 한꺼번에 재판에 회부해야 한다고 결의한 적이 있는데,● 우연히도 그때 우리 평의회 의원들이 집행부를 맡고 있었습니다. 나중에 우리 모두가 알게 된 사실이지만 그것은 불법이었습니다. 당시 나는 여러분에게 법률에 위배되는 일을 해서는 안 된다고 주장하며 평의회 의원 가운데 유일하게 그 제안에 반대표를 던졌습니다. 그러자 당시 함께 있던 의원들은 나를 비난하면서 체포하려 했고 여기 있는 여러분도 그렇게 하라고 한목소리로 아우성쳤습니다. 하지만 그 순간 나는 감옥에 가거나 죽는 것이 두려워 여러분의 편에 서서 잘못된 결정에 동참하기보다는 차라리 법과 정의의 편에 서서 위험을 무릅써야 한다고 생각했습니다.

이것은 당시까지만 해도 우리나라가 민주체제로 운영되던 시절에 있었던 일입니다. 그런데 과두정치체제가 수립되자 정권을 잡은 30인 위원회는 나를 포함한 다섯 사람을 자신들의 원형회의실로 불러들이고는, 살라미스에 사는 레온을 처형해야 하니 가서 그를 잡아오라고 명령한 적이 있습니다. 물론 그 밖에 다른 많은 사람들에게도 이와 비슷한 일을 시켰습니다. 되도록 많은 사람들을 그들의 실정失政에 연루시키려고 그랬던 것입니다. 내 표현이 다소 거칠기는 합니다만, 이때에도 나는 죽는다는 것이 나에게는 전혀 문제되지 않으며 오히려 그릇되거나 사악한 짓을 하지 않는 것이 무엇보다도 중요하다는 것을 단지 말이 아니라 행동으로 분명히 보여 주었습니다. 당시 정권은 대단한 권력을 행사하고 있었지만 나를 위협하여 그릇된 일을 하게 하지는 못했습니다. 우리 다섯 사람이 회의실에서 나왔을 때 나는 집으로 돌아갔고 다른 네 사람은 살라미스로 가서 레온을 호송해 왔습니다. 아마 그 과두정치체제가 좀 더 오래 버텼더라면 나는 틀림없이 이 일로 꼬투리를 잡혀 처형되었을 것입니다. 지금 내가 한 말이 사실임을 증언해 줄 사람은 많습니다.

만약 내가 공적인 일을 하면서도 존경받을 만한 사람처럼 처신하고 늘 옳은 것을 내세우면서 이를 최상의 가치로 여겼더라면 이토록 오래 살아남을 수 있었을까요? 아테네인 여러분, 어림도 없습니다. 다른 누구라도 마찬가지일 것입니다. 하지만 여러분은 공무에서나 사생활에서나 내가 한결같았다는 것을 알 수 있을 것입니다. 나는 그 누구를 위해서든 정의에 어긋나는 행동에 동조한 적이 한 번도 없습니다. 나를 비방하는 사람들이 내 제자라고 지목한 사람들*을 포함해서 말입니다. 사실 나는 그 누구의 스승이었던 적도 없습니다. 하지만 젊은이든 나이든 사람이든 내가 말하고 행하는 것에 관심을 가지고 듣고자 하는 사람이 있을 경우, 나는 결코 거절하지 않습니다. 또한 그 대가로 돈을 요구하지도 않으며, 돈을 주지 않는다 하여 그와 이야기하는 것을 거절하지도 않습니다. 나는 가난한 사람이 묻든 부자가 묻든 똑같이 대답하며, 내 이야기를 듣고 내 물음에 답하기를 원하는 사람이면 누구와도 이야

**테미스 여신**
소크라테스는 정의에 어긋나는 행동을 한 적이 없다는 것을 자부한다. 사진은 정의의 여신 테미스.

● 크리티아스, 카르미데스, 알키비아데스를 가리킨다고 볼 수 있다. 이 부분은 바로 다음에 오는 구절, 즉 '나는 그 누구의 스승이었던 적도 없습니다'라는 주장과 함께 이해해야 한다. 소크라테스의 재판은 30인 참주정치 이후의 민주주의 정부 아래에서 이루어졌다. 그런데 플라톤의 친척이자 소크라테스와도 가까웠던 크리티아스와 카르미데스는 30인 참주정치를 주도한 인물들이었다. 결국 이런 상황을 잘 알던 아테네 시민들 앞에서 30인 참주정 치하에서 자신의 불복종을 언급한 소크라테스로서는 자신과 그들이 관계없음을 분명히 할 필요가 있었을 것이다.

**알키비아데스와 소크라테스**
알키비아데스는 소크라테스와 자주 접촉하면서 그의 인정을 받으려고 노력한 인물로, 젊었을 때 이미 아테네의 유력한 정치인이자 군사 지휘관으로 활동했다. 하지만 자신의 권력을 유지하기 위해서 수단과 방법을 가리지 않는 야심가였기에 권력을 유지하기 위해 조국인 아테네를 전쟁의 참화 속으로 몰고 가는 것도 서슴지 않았다. 더구나 그는 자신의 처신이 탄로나 위험한 상황에 처하자, 당시 적국이던 스파르타로 망명하여 스파르타를 위해 온갖 봉사를 마다하지 않았다. 장 레옹 제롬의 1861년 작 〈아스파시아 집에서 알키비아데스를 찾아 낸 소크라테스〉.

기합니다. 누군가가 나와 이야기를 나누고 나서 선량한 사람이 되었다거나 사악한 사람이 되었다 하더라도 그것은 나 때문이라고 할 수 없습니다. 왜냐하면 나는 어느 누구에게도 무엇인가를 가르쳐 준 적이 없을 뿐 아니라 가르쳐 준다고 약속한 적도 없기 때문입니다. 그러니 누군가가 나에게서 무엇인가를 자기 혼자만 들었다거나 배웠다고 주장한다면, 여러분은 그가 거짓말을 하고 있다고 보셔도 됩니다.

그런데 어째서 일부 사람들은 많은 시간을 나와 함께 보내는 것을 좋아할까요? 아테네인 여러분, 나는 앞에서 그 이유를 여러분에게 말씀드렸습니다. 그것은 자신이 지혜롭지 않은데도 지혜롭다고 생각하는 사람들을 향해 내가 캐물으며 추궁하는 것을 보면 재미있기 때문입니다. 실제로 재미있는 측면이 없지 않지요. 하지만 내가 말했듯이, 이 일은 신이 내게 명한 의무입니다. 이 명령은 신탁으로, 꿈으로, 그리고 다른 모든 신의 섭리가 인간에게 계시되는 그런 온갖 방식으로 나에게 주어진 것입니다.

아테네인 여러분, 내가 말씀드리는 것은 진실이며 쉽게 입증할 수 있습니다. 만약 내가 지금 일부 젊은이들을 타락시키고 있으며 예전에도 그랬다면, 예전의 그 젊은이들은 이미 성장했을 것이니, 그들 중에는 내가 그들에게 들려 준 이야기가 좋지 못한 것이었다는 사실을 깨달은 사람이 있을 것인 만큼, 그런 사람이 있다면 나를 고발하여 처벌하기 위해 지금 이 앞으로 나와야 할 것입니다. 그 당사자들이 직접 나서고 싶어하지 않는다 해도, 그들의 가족 가운데 아버지가 되었든 형제가 되었든 그렇지 않으면 그 밖의 다른 친척이 되었든, 그들의 혈육이 나 때문에 심한 고통을 겪은 것이 사실이라면 그 일을 지금도 기억하고 있으리라 여겨집니다. 분명히 이 법정에는 그들 중 많은 사람들이 자리해 있습니다. 우선 나와 동갑내기이면서 같은 동네에 살고 있는 크리톤●이 저기 있습니다. 그의 아들 크리토불로스도 함께 와 있군요. 또 스페토스에 사는 리사니아스와 그의 아들 아이스키네스도 여기 있습니다. 그리고 그 옆에 케피소스에서 온 안티폰과 그의 아들 에피게네스도 있군요. 게다가 나와 함께 붙어 다니던 사람들의 형제들도 모두 나와 있네요. 테오조티데스의 아들이자 테오도토스의 형이기도 한 니코스트라토스가 이들 중 한 사람입니다. 테오도토스는 이미 고인이 되었으니 이제 형에게 그만두라고 간청할 수도 없겠습니다. 그리고 데모도코스의 아들인 파라로스도 있습니다. 테아게스●와 형제지간이었지요. 또 여기 있는 이 아데이만토스●는 아리스톤의 아들로 저기 있는 플라톤과 형제지간입니다. 아이안토도로스는 이쪽에 있는 아폴로도로스●와 형제입니다. 그 밖에도 많은 사람들이 보입니다. 그러니 멜레토스는 그의 고소인 진술에서 의당 이들 중 일부를 증인으로 내세웠어야 합니다. 만약 그가 미처 생각하지 못했다면 지금이라도 그에게 이들을 증인으로 채택하게 해야 합니다. 원한다면 내가 잠시 자리를 비켜 주겠습니다. 멜레토스에게 그런 증언을 해 줄 사람이 있는지 물어보십시오.

● **크리톤** 소크라테스의 죽마고우. 그의 이름을 딴 플라톤의 대화편 《크리톤》에서 그는 소크라테스에게 탈옥을 권한다. 《파이돈》에 의하면 소크라테스가 독배를 마시고 죽는 것을 지켜보았다.

● **테아게스** 소크라테스의 추종자. 플라톤의 《국가》에서 몸이 약해 정치에 대한 뜻을 접고 철학에 몰두한 사람으로 묘사되어 있다.

● **아데이만토스** 글라우콘과 함께 플라톤의 형이다. 그들은 플라톤의 《국가》에서 소크라테스의 주요한 대화 상대자로 등장한다.

● **아폴로도토스** 아폴로도로스는 플라톤의 《향연》에서 자신이 목격한 일을 친구들에게 전해 주는 사람으로 나온다. 그는 소크라테스를 가장 열렬하게 추종한 사람 중 하나로, 《파이돈》에서 소크라테스 임종 당시 대성통곡하면서 괴로워하는 사람으로 묘사되어 있다.

**〈플라톤〉**
소크라테스는 법정에 자신의 이야기를 듣고 자랐거나 그런 사람의 혈육이 많이 와 있음을 이야기하는데, 그중 플라톤의 이름이 언급된다. 《소크라테스의 변론》에서 플라톤이 언급되는 부분은 이곳과 2차 진술에서 벌금에 보증 서 줄 사람을 말할 때뿐이다. 파올로 베로네세(1528~1588) 작.

아테네인 여러분, 여러분은 오히려 정반대로 그들이 모두 나를 도와주려 하고 있음을 발견하게 될 것입니다. 멜레토스나 아니토스의 주장에 따르면, 나는 그들의 가족과 친지들을 타락시킨 악마 같은 사람인데도 말입니다. 내가 타락시킨 사람들이 나를 돕는 데에는 나름대로 그럴 만한 이유가 있을 수도 있겠습니다. 하지만 그들의 가족이나 친척으로, 내가 타락시킨 적이 없는 나이든 어른들까지 나를 돕는 것은, 멜레토스가 거짓말을 하고 있으며 내가 진실을 말하고 있다는 것을 그들이 알고 있기 때문이라는 정당하고 적절한 이유 이외에 달리 무슨 이유가 있을 수 있겠습니까?

자 이제, 아테네인 여러분, 내가 할 수 있는 변론은 이 정도면 될 듯합니다. 좀 더 거론한다 해도 아마 이와 비슷한 내용일 것입니다. 지금 여러분 중에는 자신의 경험을 떠올리며 불쾌하게 느끼는 사람이 있을 수도 있겠습니다. 자신은 이보다 경미한 일로 재판을 받으면서도 법정 바닥에 눈물을 흘리며 배심원들에게 빌며 간청하고 동정을 사기 위해 어린 자식들도 데려오는가 하면 친구들과 친척까지도 대거 동원했는데, 지극히 위험한 처지에 놓인 것으로 보이는 나는 오히려 그런 짓을 전혀 하려 하지 않고 있으니 말입니다. 그러니 여러분 중에 누군가는 이런 것들을 생각하고서 내게 반감을 가질 수도 있을 테고, 또 급기야는 그 때문에 홧김에 투표하게 되는 수도 있겠다는 생각이 듭니다. 만약 정말 그런 생각을 하고 계신 분이 있으시다면, 실제로 있을 거라고 믿지는 않지만 혹시라도 있으시다면, 그런 분들께는 이렇게 말씀드리는 것이 적절할 것 같습니다.

"보십시오. 나에게도 물론 가족이 있습니다. 호메로스가 말했듯이 나도 '참나무나 바위에서' 태어난 것이 아니라 부모에게서 태어났고, 그래서 피를 나눈 일가친척이 있습니다. 나에게는 아들도 셋이 있습니

**호메로스**

소크라테스는 동정을 구하지 않겠다는 말을 하면서 호메로스의 문구를 인용한다. 그림에서 호메로스는 승리의 여신에게 월계관을 받고 있다. 장 도미니크 앵그르의 1827년 작 〈호메로스 예찬〉.

다, 여러분. 한 놈은 이제 다 컸지만 나머지 두 놈은 아직 어립니다. 그렇기는 하지만 나는 내 자식들을 여기로 데려와서 여러분께 나를 방면해 달라고 간청하지는 않을 것입니다."

그렇다면 내가 왜 그런 짓을 조금도 하려 하지 않을까요? 아테네인 여러분, 그것은 나의 고집 때문도 아니고 여러분을 무시하기 때문도 아닙니다. 내가 죽음을 앞에 두고 대담한지 어떤지 하는 것도 별개의 문제입니다. 그 까닭은 그런 행동이 나 자신에게나 여러분에게나 그리고 이 나라 전체를 위해서나 결코 떳떳하지 못한 짓이라는 데 있습니다. 이 나이에, 그리고 그 진위 여부야 어쨌든 평범한 사람들과는 다르다는 식의 명성을 얻고 있는 내가 그런 짓을 한다는 것은 옳지 않다고 생각합니다. 그러니 만약 여러분 중에 지혜나 용기 또는 다른 어떤 덕이 출중하다고 평가받는 사람이 그런 식으로 처신한다면 그것은 부끄러운 일이 될 것입니다. 나는 그런 고명한 사람들이 재판을 받을 때면,

● 소크라테스의 세 아들의 이름은 람프로클레스, 소프로니코스, 메넥세노스였다. 재판을 받을 당시 소크라테스의 나이가 대략 70세인 것으로 알려져 있고 세 아들 중 둘이 어리다는 것으로 보아 그가 늦은 나이에 결혼했을 것이라고 추측하는 사람도 있다.

어떤 짓도 서슴지 않는 것을 자주 보았습니다. 그들은 죽는다는 것이 무시무시한 일일 거라고 생각하는 것 같았습니다. 사형을 당하지 않는다면 영원히 살기라도 할 것처럼 말입니다. 나는 그런 사람들이 이 나라를 수치스럽게 만든다고 생각합니다. 다른 나라에서 와서 그들을 본 사람 중에는 다음과 같이 생각할 사람도 있을 것이기 때문입니다. '여러 모로 뛰어난 아테네 남성의 전형이라 하여 아테네 사람들에게 직접 선출되어 사람들을 다스릴 권리와 높은 지위를 부여받은 사람들이 실상은 여인네와 하나도 다르지 않군.'이라고 말입니다. 아테네인 여러분, 여러분이 조금이라도 명예를 지키고자 한다면 결코 그런 짓을 해서는 안 되며, 더욱이 우리 같은 사람이 그런 짓을 할 경우 이를 용납해서도 안 됩니다. 오히려 여러분은 그처럼 애처로운 장면을 연출해서 이 나라를 조롱거리로 만드는 자는 가만히 있는 자보다도 훨씬 더 무거운 처벌을 받을 수 있다는 것을 확실하게 보여 주어야 합니다.

아테네인 여러분, 명예의 문제는 별개로 치더라도, 누군가가 배심원들에게 간청하거나 또 그렇게 해서 무죄판결을 받는 것은 옳지 않다고 생각합니다. 그는 배심원들에게 사실을 설명해 주고 그들을 설득해야 합니다. 배심원들은 정의를 가지고 선심 쓰려고 그 자리에 앉아 있는 것이 아니라 정의가 어디에 있는지 판결하려고 그 자리에 앉아 있는 것입니다. 배심원들은 그들의 재량으로 호의를 베풀겠다고 서약한 것이 아니라 공정하게 법률에 따라 판결하겠다고 서약한 것입니다. 그러므로 소송 당사자인 우리는 배심원인 여러분에게 거짓으로 서약하는 습관을 갖게 해서도 안 되고 여러분 또한 스스로 그런 습관을 몸에 배게 해서도 안 될 것입니다. 어느 경우나 신에게 죄를 짓는 일이기 때문입니다. 그러니 아테네인 여러분, 여러분은 내가 명예롭지도 않고 도덕적이지도 않으며 내 종교적 의무와 부합하지도 않는다고 생각하는 그런 방식으로 여러분 앞에서 행동하리라고 기대하셔서는 안 됩니

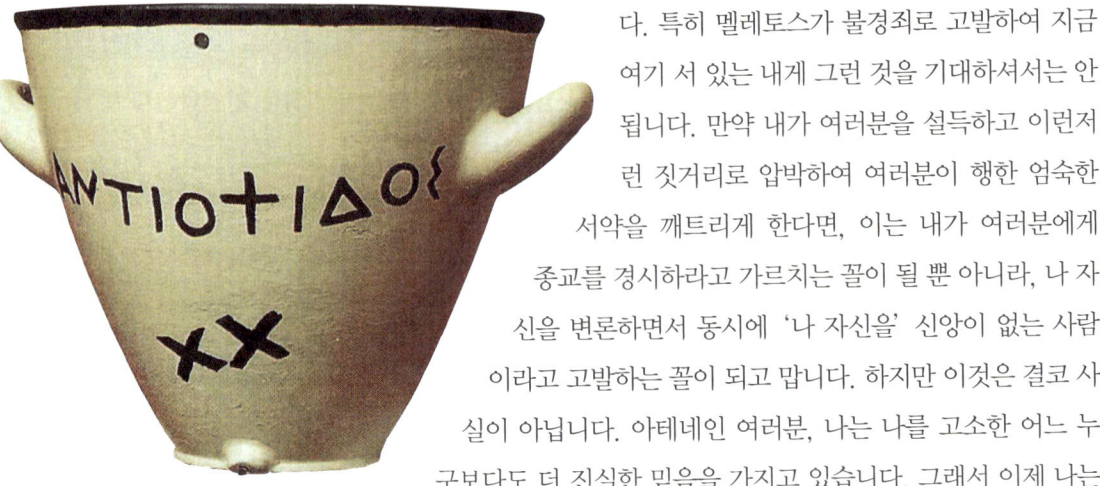

**물시계**

고대 아테네 재판정에서 원고와 피고가 진술하는 시간을 잴 때는 물시계를 이용했다. 위의 단지에 담긴 물이 아래 구멍을 통해 다 빠져나가면 한 단위 시간이 다 흐른 것이다.

다. 특히 멜레토스가 불경죄로 고발하여 지금 여기 서 있는 내게 그런 것을 기대하셔서는 안 됩니다. 만약 내가 여러분을 설득하고 이런저런 짓거리로 압박하여 여러분이 행한 엄숙한 서약을 깨트리게 한다면, 이는 내가 여러분에게 종교를 경시하라고 가르치는 꼴이 될 뿐 아니라, 나 자신을 변론하면서 동시에 '나 자신을' 신앙이 없는 사람이라고 고발하는 꼴이 되고 맙니다. 하지만 이것은 결코 사실이 아닙니다. 아테네인 여러분, 나는 나를 고소한 어느 누구보다도 더 진실한 믿음을 가지고 있습니다. 그래서 이제 나는 나와 여러분에게 최선일 수 있는 결정이 내려지길 기대하면서 신과 여러분께 나에 대한 판결을 맡기겠습니다.

# 진리, 그것만이 내가 좇을 길

### 소크라테스의 생애

소크라테스라는 이름을 모르는 사람은 거의 없을 것이다. 그의 위상은 예수나 석가모니 그리고 공자와 같은 인류의 대표적 스승으로 일컬어지는 사람들과 비견되는 것이 보통이다. 실제로 소크라테스는 서양 철학사에서 일대 전환점을 만들어 낸 사람으로 간주된다. 그러나 그에 대해 우리가 알고 있는 것은 그리 많지 않다.

역사적 실존인물인 소크라테스를 정확히 이해하기 어려운 데에는 몇 가지 이유가 있다. 우선 소크라테스는 아무런 저서도 남기기 않았다. 그래서 우리에게 알려진 소크라테스에 대한 모든 정보는 그에 대해 다른 사람들이 남긴 기록에 기초한 것이다. 그런데 소크라테스에 대한 보고와 기록은 서로 다른데다 심지어는 서로 모순되는 경우까지 있다. 이처럼 소크라테스에 대한 기록들이 일관성이 없기 때문에 어떤 사람은 소크라테스가 역

**소크라테스 흉상**
소크라테스가 자신의 저서 없이 다른 사람의 기록에서만 존재하다 보니 어떤 사람은 그가 문학적 상상력에 의해 창조된 인물이라고까지 생각한다.

사적으로 존재했다는 사실까지도 부인하고 여러 사람들에 의해 창안된 인물로 보려 하기도 한다.

소크라테스에 대한 정보를 제공하는 가장 중요한 자료로 간주되는 것은 플라톤과 크세노폰의 기록이다. 플라톤과 크세노폰은 소크라테스에 대한 아주 귀중한 여러 기록을 남겨 놓았다. 이들 이외에 고대 아테네의 희극작가인 아리스토파네스와 플라톤의 제자 아리스토텔레스도 소크라테스에 대한 기록을 전하고 있다. 그 외에도 소크라테스에 대한 기록이 더러 존재하지만 대개가 단편적인 것들이다. 지금까지 남아 있는 기록 중에서는 플라톤과 크세노폰의 것이 중요한 것으로 평가되는데, 둘 중 플라톤의 기록이 양적으로도 훨씬 풍부하고 질적으로도 우수하다.

기록에 의하면 소크라테스는 대략 기원전 470년경에 태어나서 기원전 399년에 죽었다. 소크라테스가 죽은 날은 재판기록으로 정확하게 추정할 수 있지만 그가 탄생한 정확한 해는 알 수 없다. 디오게네스에 의하면 소크라테스는 아테네 정남쪽에 있는 알로페케에서 태어났다. 그의 아버지 소프로니스코스 Sophroniskos는 석공이었으며, 그의 어머니 파이나레테 Phainarete는

**다이달로스**
플라톤에 의하면 소크라테스는 자신이 다이달로스의 자손이라고 이야기했다. 다이달로스는 대장간의 신 헤파이스토스의 자손으로 건축과 공예의 명장이었다. 미궁에 갇혔다가 밀랍과 깃털로 날개를 만들어 달고 아들 이카로스와 함께 탈출한 이야기가 유명하다. 도메니코 피올라의 1670년 작 〈다이달로스와 이카로스〉.

산모를 돕는 산파로 몸집이 큰 여인이었다. 소크라테스가 태어난 날은 델로스 사람들이 아르테미스 여신의 생일로 여기는 날이며 아테네 사람들이 속죄의 제물을 바쳐서 정결을 꾀하는 날이었다고 한다.

**호플리테**
소크라테스가 중산층에 속했을 것이라고 추정하는 근거로 그가 펠로폰네소스 전쟁 당시 중무장 보병인 호플리테로 참전했다는 사실을 들 수 있다.

족들은 기병騎兵으로 전투에 참가하였다. 하지만 소크라테스는 중무장 보병, 즉 호플리테hoplite로 전투에 참가한 것으로 보아 기술자나 상인 등 중산층에 속했을 것으로 추정된다. 당시 아테네 시민들은 전쟁이 있을 경우 군 장비를 스스로 마련해야 했고, 그래서 귀족도 아니고 중산층에도 속하지 못하는 가난한 아테네 시민들은 경무장 보병으로 복무하거나 해군에서 노 젓는 일을 했기 때문이다.

소크라테스는 크산티페와 결혼하여 세 아들을 두었다. 기록에 의하면 그가 사형선고를 받고 죽을 때 밑의 두 아들은 아직 어린아이였다. 소크라테스의 아내 크산티페는 오늘날까지도 성질이 못되고 바가지를 긁는 악처의 대명사처럼 알려져 있다. 그러나 이는 아마 남편이 물려받은 얼마 되지 않은 유산만으로 별다른 수입 없이 세 아들을 키우면서 힘들게 가계를 꾸려 나가야만 했을 크산티페의 상황을 염두에 두고 사람들이 상상력을 발휘한 결과일 가능성이 크다.

소크라테스의 공식 직업은 부친의 직업을 이어받은 석공이었다. 소크라테스의 사회적 지위를 가장 분명하게 보여 주는 것은 군복무다. 당시 귀

## 소크라테스는 왜 재판을 받았나?

소크라테스의 삶에서 가장 극적인 장면은 아무래도 그에 대한 재판과 죽음이다. 기원전 399년에 열린 이 재판은 예수의 재판과 함께 서구의 역사에서 가장 인상적인 재판으로 꼽힌다. 이 재판으로 소크라테스는 비극적으로 삶을 마감하였다. 역사에 가정假定이란 것이 무의미할 수 있겠지만,

만약에 그가 재판정에 서지 않았거나 재판에서 사형이 아니라 무죄판결을 받았더라면, 아마 지금처럼 그렇게 강렬한 인상을 주는 소크라테스라는 인물은 존재하지 않았을 것이다. 어쨌든 《소크라테스의 변론》을 더 잘 이해하려면 그 사건의 역사적 배경, 아테네 재판제도의 특성, 소크라테스가 재판을 받게 된 이유 등에 대한 얼마간의 사전 지식이 필요하다.

### 당시의 아테네

소크라테스 재판을 이해하는 데 무엇보다도 필요한 것은 당시 아테네의 상황에 대한 인식일 것이다. 소크라테스의 재판이 열린 해는 기원전 399년이다. 그래서 이 사건은 크게 보면 펠로폰네소스 전쟁의 여파로 벌어진 것이라고 할 수 있다. 펠로폰네소스 전쟁은 기원전 431년에 시작된 아테네와 스파르타 사이의 전쟁으로 기원전 404년 아테네의 패배로 끝날 때까지 27년이나 지속되었다.

이 전쟁은 그리스 전역에 커다란 영향을 미쳤다. 그리스 전역에 있는 국가들은 원하든 원치 않

**산헤드린 재판**
소크라테스의 재판은 예수의 재판과 더불어 서구의 가장 인상적인 재판으로 꼽힌다. 예수는 산헤드린 재판에서 십자가형을 선고받았다.

든 이 전쟁에 연루되었고, 그래서 당시의 그리스인들은 이를 세계대전으로 인식할 정도였다. 특히 아테네는 이 전쟁을 겪으면서 그 이전에 누리던 영광을 상실하였을 뿐 아니라 사회 전반에 엄청난 손실을 입었다. 하지만 이 전쟁은 결국 아테네뿐 아니라 당시 그리스 사회 전체에 결정적인 전환점을 가져왔다. 이 전쟁으로 무수히 많은 사람들이 목숨을 잃었을 뿐 아니라, 전쟁에 연루된 거의 대

다수의 도시국가들은 심각한 내부 분열과 내전에 휩싸이게 되었다. 그리고 이로 말미암아 그리스인들은 그들이 쌓아올린 문명을 스스로 파괴하였고, 정신적으로 엄청나게 황폐해져 갔다. 따라서 소크라테스의 재판은 이런 그리스의 정신적 균열과 문명 와해의 초기 국면에 일어난 사건이었다고 할 수 있다.

## 아테네의 재판제도

고대 아테네에는 공식적인 기소를 담당하는 독립적인 기관이 따로 존재하지 않았다. 모든 시민은 누구든지 법을 어겼다고 판단되면, 소송을 제기할 권리를 갖고 있었다. 이는 동시에 시민의 의무이기도 했다. 모든 재판은 시민들이 담당했으며, 하루 만에 결론을 내리도록 되어 있었다. 재판을 담당하는 시민들은 추첨에 의해 정해졌는데, 이들은 시민 배심원으로서 해당 사건에 관련된 양쪽 당사자의 발언을 들은 후에 판결하였다.

소크라테스 재판 당시 아테네의 재판제도에 따르면 배심원은 자발적으로 지원한 시민들로 구성되었다. 아테네는 매년 30세 이상의 시민 중에서 지원자를 모집한다. 이 지원자들 중에서 아테네의 행정 단위인 열 개의 부족은 각각 600명을 추첨으로 선발한다. 이렇게 선발된 6000명의 전체 배심원 중에서 재판의 성격에 따라 배심원의 수가 정해진다. 오늘날 민사소송과 같은 경우에 배심원의 수는 200(201)명 또는 400(401)명으로 구성되었으나, 형사소송과 같은 경우에는 500(501)명이나 그 이상으로 구성되었다. 그리고 재판이 있는 날 아침에 누가 그 재판에 배심원으로 참여할지를 추첨으로 결정하였다. 특정 재판을 담당하는 배심원을 재판 당일에 추첨으로 선발하는 제도를 도입한 이유는 배심원 제도의 공정성을 더 확고하게 하기 위함이었다.

## 소크라테스가 재판을 받은 실질적 이유

소크라테스가 재판을 받고 죽게 된 실질적인 이유는 정치적인 데 있다고 보는 것이 보통이다. 아테네 사회는 민주주의를 비판하는 소크라테스의 언행이 펠로폰네소스 전쟁의 패배로 허약해진 민주주의 질서를 한층 더 위험에 빠뜨릴 수 있다고 보았다. 하지만 당시 아테네는 민주주의가 회복된 만큼 다시는 사회적인 혼란이 있어서는 안 된다는 합의에 기초하여 과거의 정치적 행동을 불문에 부친다는 대사면 법률을 공표해 놓고 있었다. 따라서 소크라테스를 정치적 이유로 곧장 기소하기는 어려웠다. 그렇게 되면 그것 자체가 불법이 되어 재판이 불가능하리라는 점을 고소자들

**배심원과 평의원을 뽑는 도구**
아테네에서는 시민권을 가진 성인 남자 모두에게 민주 정치를 행사하는 자격이 주어졌다. 재판에서 판결을 내리는 배심원 역시 그중에서 선정되었는데, 사진은 당시 배심원과 평의원을 뽑기 위해 사용하던 도구다.

이 잘 알고 있었기 때문이다. 결국 '국가가 믿는 신들을 믿지 않는다거나 젊은이들을 타락시켰다'는 공식적인 고소 내용은 이를 피해 가기 위한 표면적인 명분이었다. 소크라테스가 행한 민주주의에 대한 비판과 그로 인해 자극받은 젊은 사람들이 아테네 민주주의를 다시 전복시킬지도 모른다는 두려움이 그를 재판으로 몰고 간 실질적인 이유인데도, 그런 이유를 공식적 기소 내용으로 삼기 어려워 종교적인 이유를 내세운 것이었다. 물론 소크라테스를 고소한 사람들의 정치적 동기만으로 소크라테스 재판의 성격을 완전히 파악할 수 있는 것은 아니지만, 정치적 배경이 소크라테스를 사형선고로 몰고 간 중요한 요인이라는 점은 분명하다고 하겠다.

## 삶이 곧 철학

### 소크라테스와 소피스트

《소크라테스의 변론》에서 소크라테스가 오랫동안 누적된 자신에 대한 그릇된 편견을 요약한 내용을 보면, 그는 전형적인 소피스트다. 일반 아테네인들은 소피스트와 소크라테스의 철학적 활동의 근본적 차이를 인식할 수 없었다. 사실 철학적으로도 소크라테스는 일정 정도 소피스트와 공통점을 갖고 있었다. 소크라테스와 소피스트는 자연의 근원에 관심을 집중한 이전의 자연철학자들과 달리 삶과 도덕의 본질을 집중적으로 문제 삼았다. 하지만 그들이 내놓은 답은 근본적으로 다른 것이었다.

소크라테스는 '어떻게 사는 것이 잘사는 것이며 바르게 사는 것인가?' 하는 물음, 즉 훌륭한 삶이란 어떤 것인가라는 삶의 본질에 관련된 물음을 철학의 중심 문제로 제기하고 있었다. 이 과정에서 소크라테스는 소피스트들의 논리적 허점을 폭로하고 그들이 사실상 궤변론자이자 위험한 사기꾼일 수 있다는 것을 보여 주었지만, 사람들은 참다운 도덕에 대한 인식을 얻기 위해 논쟁을 일삼던 소크라테스를 소피스트들과 쉽게 구별할 수 없었을 것이다. 오히려 때와 장소를 가리지 않고 사람들과 대화하는 장면을 자주 목격한 많은 아테네 사람들에게는 그가 최고의 소피스트로 보였을 것이다. 아테네인들은 그가 유명한 정치인이나 군軍의 장성뿐 아니라 당시 이름을 날리던 소피스트들과 대화하면서 이들을 꼼짝 못하게 논박하는 모습을 자주 보았을 것이기 때문이다.

### 참다운 철학자

소크라테스의 참다운 면모는 그가 평생 동안 보여 준 철학적 사유 활동의 진지함과 도덕적 성실성에서 가장 잘 드러난다. 그는 평생 동안 참다운 지혜만을 추구했다. 그는 많은 사람과 다양한 주제에 대해 대화하고 토론하면서 지혜를 얻고자 했다. 그는 대화에서 그 어떤 주제이든 그대로 두지 않고 비판적으로 검토해서 그것이 참다운 것인지 아닌지를 분명하게 하고자 했다. 소크라테스는 '따져 묻지 않고 사는 삶은 가치가 없다'는 것을 자신의 삶의 원칙으로 삼았다. 어떤 삶이 가치 있는 삶인가, 현재 자신이 믿고 있는 도덕이나

**삶으로서의 철학**
소크라테스는 대화와 성찰을 통해 삶의 참다운 진리를 추구하고자 하였다. 라파엘로의 1509~1511년 작 〈철학〉.

자처하지도 않았으며, 대화와 성찰의 대가로 돈을 받지도 않았다. 대화와 토론에서 그가 추구한 것은 돈도 명예도 정치적 승리도 아니었다. 그는 소피스트들과 달리 비판적 사유와 언술 言術을 사회적 명성이나 정치적 출세나 축재를 위한 수단으로 삼지 않았다. 그가 관심을 가진 것은 오직 참다운 진리였다.

소크라테스는 일상생활에서 철학을 몸소 실천했다. 그에게는 삶 자체가 철학이었다. 그의 철학, 그의 삶은 시장터나 길거리나 잔칫집 등에서 아테네 사람들과 더불어 나누는 대화였다. 그는 우리가 일상생활에서 흔히 마주치는 다양한 주제, 예를 들어 종교적 경건이나 사랑이나 용기, 시민으로서의 역할이나 친구들 사이의 우정 등과 같은 것들을 놓고 진지하게 묻고 답하는 가운데 그 각각의 본질을 규명하고자 하였다. 그는 철학적 성찰이 우리의 삶과는 관계없는 공허한 문제들을 고민하는 사변적 유희가 아니라, 우리의 삶 자체가 바로 철학이 풀어야 할 참다운 주제임을 몸소 보여 준 것이다.

종교적 관념이 이성적인 것인지 아닌지를 비판적으로 검토하는 작업을 삶의 원칙으로 삼았으며 이를 평생 몸소 실천했다. 그리고 이를 통해 그는 모든 사람들에게 자율적이고 주체적인 삶을 살 것을 요구했다.

수많은 사람들과의 대화를 통해 자신들의 삶이 어떤 점에서 의미가 있고 중요한지를 비판적으로 검토하고 성찰할 것을 요구하는 과정에서, 소크라테스는 소피스트들과는 달리 지식의 교사로

**2차 진술**

# 따져 묻지 않는 삶은 가치가 없습니다

● 1차 진술이 끝난 후에 유죄 및 무죄를 가르는 투표가 행해졌고 그 결과는 280 대 220으로 유죄였다. 당시 아테네에는 원고와 피고 측에 동수가 나올 경우 피고 쪽에 유리하게 결정되는 것이 법으로 정해져 있었으므로 30명만 더 소크라테스 편을 들어 주었더라면 결과는 무죄방면이었을 것이다.

● 아테네의 재판제도에 따르면 시민이면 누구나 잘못을 저지른 사람을 고소할 수 있는 권한이 있었다. 이에 따라 자의적인 고소를 방지하기 위해 원고가 총 배심원의 5분의 1이상의 투표수를 확보하지 못하는 경우 벌금을 물게 하였다.

아테네인 여러분, 내가 이 결과, 즉 나에 대한 여러분의 유죄판결을 놓고 비탄에 빠지지 않는 데에는 여러 가지 이유가 있습니다만 무엇보다도 가장 큰 이유는 내가 이런 결과를 미처 예상하지 못한 것이 아니라는 데 있습니다. 나는 특히 찬반 투표수를 보고 놀랐습니다. 이렇게 차이가 근소하리라고는 전혀 예상치 못했습니다. 그러나 지금 보니, 단지 30표만 내 쪽으로 왔어도 나는 방면될 수 있었겠습니다.● 그렇기는 하지만 나는 멜레토스의 고발과 관련해서는 완전히 무죄로 밝혀졌다는 느낌이 듭니다. 그뿐이 아닙니다. 누구나 알 수 있듯이, 아니토스와 리콘이 나를 고발하러 오지 않았더라면, 멜레토스는 1천 드라크마의 벌금까지 내야 했을 것입니다. 그는 총 투표수의 5분의 1을 얻지 못했기 때문입니다.●

아무튼 이제 멜레토스는 나에게 사형을 구형해야 한다고 주장하고 있습니다. 좋습니다. 아테네인 여러분, 여러분에게 나는 어떤 형을 제안할까요? 분명히 그것은 내가 받아 마땅한 것이어야 할 것입니다. 내가 한 일에 비추어 볼 때, 내가 무엇을 형벌로 받거나 갚아야 마땅한가요?

나는 지금까지 살아 오면서 평범하게 조용히 지낸 적이 없습니다. 대다수의 사람처럼 돈벌이에 열중하지도 않았고 집안 살림을 알뜰하게 꾸리지도 않았으며 군대나 공직에서 고위직을 차지하려 하지도 않았을 뿐만 아니라, 이 나라에서 흔히 하고 있듯이 정치적으로 단합한다거나 비밀결사체를 조직한다거나 정파를 만든다거나 하는 등의 일을 전혀 하지 않았습니다. 나는 원칙에 지나치게 얽매이는 까닭에 이런 종류의 일에 뛰어들었다면 사실상 결코 성공하지 못할 것이라 생각했습니다. 그래서 나는 여러분이나 나에게 아무런 도움도 되지 않을 이런 여정의 삶을 살지 않는 대신, 여러분 한 사람 한 사람에게 내가 베풀 수 있는 최선이라고 생각되는 것을 하려고 마음먹었습니다. 이런 이유에서 나는 여러분 한 사람 한 사람에게 현실적인 이익만을 생각할 것이 아니라 지혜와 덕을 놓고 고민하라고 설득하기도 했고, 또 넓게는 나라의 이익만을 살필 것이 아니라 나라 자체를 살피라고 설득하기도 하였습니다. 물론 그 밖의 것들에 관해서도 똑같은 방식으로 마음 쓰라고 설득했습니다. 그러니 이제 이렇게 살아 온 내가 무엇으로 보상받아야 좋겠습니까? 아테네인 여러분, 내가 실제로 마땅히 받아야 할 것이 있다면 그것은 뭔가 좋은 것이어야 할 것입니다. 나에게 걸맞은 것이기도 해야 하고요. 자, 그렇다면 여러분에게 좋은 일을 했을 뿐 아니라 또 조언하기 위해 여가가 필요한 이 가난한 사람에게 무엇이 적절할까요? 내가 보기에 나라에서 나를 먹여 살리는 것이 가장 적절한 보상일 듯합니다. 나는 올림피아 경주에서 우승한 사람보다도 훨씬 더 그런 대접을 받을 만합니다. 이 우승자가 한 마리 전차경주에서 우

**청동륜**
고대 아테네 재판정에서 배심원들이 피고의 유무죄를 가리는 데 쓰인 청동륜.

**사두마차를 모는 그리스인**
소크라테스는 자신이 전차경주에서 우승한 사람이 받는 대접을 받을 만한 자격이 있다고 말한다. 사두마차를 모는 장면을 그린 기원전 550년경 도기.

승했건 두 마리 전차경주에서 우승했건 아니면 네 마리 전차경주에서 우승했건 상관없이 말입니다. 이렇게 우승한 사람들은 여러분이 행복하다고 착각하게 할 뿐이지만 나는 여러분에게 행복 그 자체를 주기 때문입니다. 또 이런 우승자들은 굳이 그런 보상을 필요로 하지 않겠지만 나는 필요로 하기 때문이기도 합니다. 그러므로 만약 아주 공정하게 나에게 적절한 형량을 제안하라고 한다면, 나는 나라에서 나를 먹여 살리는 것이라고 말하겠습니다.

내가 이런 말을 하면 여러분은 내가 앞서 동정심을 불러일으킨다거나 간절하게 애원하는 일에 대해 말하면서 했듯이 여전히 거만한 태도로 고집을 부린다고 생각할지도 모르겠습니다. 그러나 아테네인 여러분, 사실은 그렇지 않습니다. 사실은 이렇습니다. 나는 어느 누구에게도 의도적으로 나쁜 짓을 한 적이 없다고 확신합니다. 다만 내가 여러분과 이야기를 나눈 시간이 적어서 이 점을 여러분에게 납득시켜 드리지 못할 뿐입니다. 만약 다른 나라에서처럼 아테네에도 중대한 소송은 단 하루에 끝내는 것이 아니라 여러 날에 걸쳐 진행시키는 법령이 있었다면 나는 여러분을 납득시켜 드릴 수 있었으리라고 생각합니다. 하지만 지금과 같은 상황에서 이처럼 짧은 시간 안에 엄청난 중상모략에서 벗어나기는 쉽지 않습니다.● 나는 어느 누구에게도 나쁜 짓을 하지 않았다고 확신하기 때문에, 내가 어떤 대가를 치러야 한다거나 그에 상응하는 처벌을 받아야 한다는 주장을 받아들여 나 자신을 해칠 수는 없는 노릇입니다. 내가 무엇 때문에 그래야 합니까? 멜레토스가 제안한 사형이 두려워 그래야 합니까? 내가 이미 말했듯이 나는 죽음이 좋은 것인지 나쁜 것인지 알지 못합니다. 내가 나쁜 것으로 익히 알고 있는 무엇인가를 골라 내 형량으로 제안할 수 있는 일인가요? 감금형을 제안할 것 같은가요? 하지만 내가 왜 주기적으로 교체되는 교도관들에게 복종하면서 감옥에서 허송세월해야 합니까? 아니면 벌금형을 제안하고 이를 다 지불하면 풀려나는 걸 선택할까요? 내 경우에는 감금형이나 벌금형이나 매한가지입니다. 벌금을 낼 돈이 없기 때문이지요. 마지막으로 내가 국외추방을 제안하면 어떤가요? 어쩌면 여러분은 이 제안을 받아들이고 싶을지 모르겠습니다.

하지만 아테네인 여러분, 그렇게 되면 나는 필사적으로 살려고 발버둥치는 사람이 되고 맙니다. 나는 내 동포인 여러분이 내가 토론을 벌이거나 대화하는 것을 더 들어 줄 수 없는 지경에 이르렀고, 그래서 나와 나누는 이야기들이 너무도 지겹고 골치 아파 이제 그것들로부터 완전히 벗어날 길을 찾고 있다는 것을 눈치 채지 못할 만큼 아둔하지는 않습니다. 하지만 다른 나라 사람들이라고 그런 것들을 쉽게 참아낼 수 있겠습니까? 아테네인 여러분, 결코 그렇지 않을 것입니다. 내가 이 나이에 조국을 떠나, 내 이야기가 지겨운 것으로 드러날 때마다 이 나라 저 나라로 매번 쫓겨 다니며 여생을 보낸다는 게 참 좋기도 하겠군요! 내가 가는 곳이면 어디에서든지 여기서처럼 젊은이들이 내 말을 듣기 위해 나를 따라다닐 것이 불 보듯 뻔합니다. 만일 내가 그들을 멀리하려 한다면 그들은 어른들에게 일러서 내가 쫓겨나게 할 것이고,

● 첫 부분에서 소크라테스가 고백했듯이 시민들이 그에 대해 갖고 있는 고정관념은 오랜 세월을 거쳐서 형성된 것으로 내난히 확고했나. 그런데 소크라테스가 말하고 있듯이 아테네의 재판제도는 하루 동안에 모든 것을 종결하도록 되어 있었다. 그러니 소크라테스로서는 하루라는 짧은 시간 안에 자신이 아무런 죄가 없다는 점을 시민들에게 납득시키는 것이 어려웠을 수밖에 없었을 것이다.

**장례식**

소크라테스는 자신은 지은 죄가 없다고 확신한다면서 당당한 자세로 진술에 임한다. 또 죽음이 좋은 것인지 나쁜 것인지 모르기에 사형을 두려워하지 않는다는 태도를 보인다. 기원전 750년경 도기에 그려진 장례식 장면.

반대로 내가 그들을 멀리하지 않는다면 이번에는 그들의 부모나 친지들이 손수 나서서 자식들을 위한답시고 나를 쫓아낼 것입니다.

어떤 분은 어쩌면 이렇게 말할지도 모르겠습니다. "소크라테스, 여기를 떠난 후 당신 자신 일만 생각하면서 조용히 침묵하고 지낸다면 여생을 편안히 보낼 수 있는 것 아니요?"라고 말입니다.

하지만 이것이야말로 내가 여러분 가운데 몇몇 분들을 이해시키기 가장 어려운 대목입니다. 내가 그렇게 한다면 신에게 복종하지 않는 것이 되고, 그래서 내가 그처럼 내 일만 생각하면서 살 수는 없다고 말하면 여러분은 내가 진지하게 말하지 않는다고 여길 것입니다. 다른 한편, 내가 나 자신과 다른 사람들에게 따져 가며 말할 때 여러분이 듣게 되는 그런 덕이라든가 그 밖의 다른 문제들에 관해 단 하루도 거르지 않고 논의하는 것이야말로 인간이 할 수 있는 최선의 것이며, 따라서 이렇게 따져 묻지 않고 사는 삶은 가치가 없다고 말한다면 여러분은 더더욱 나를 믿으려 하지 않을 것입니다. 하지만 아테네인 여러분, 내가 말하는 것이 온전히 사실임에도 이를 여러분에게 납득시켜 드리기가 어렵습니다. 게다가 나는 내가 당연히 벌을 받아야 한다고 생각해 본 적이 없어서 지금의 상황이 매우 낯섭니다. 만약 내게 돈이 있다면 나는 내가 감당할 수 있을 만큼의 벌금형을 제안했을 것입니다. 이것은 나를 해치지 않기 때문입니다. 하지만 보다시피 나는 돈이 없기 때문에 여러분이 내 처지에 맞는 벌금형을 내리지 않는 한, 벌금도 낼 수가 없는 형편입니다. 1므나 정도는 내가 벌금으로 낼 수 있을 것입니다. 사정이 이러니 나는 이 정도의 벌금형을 제안합니다.

아테네인 여러분, 잠깐만요. 여기 플라톤과 크리톤 그리고 크리토불로스와 아폴로도로스가 나에게 30므나의 벌금형을 제안하라고 권합니다. 자신들이 보증한다는군요. 좋습니다. 나는 이 금액의 벌금형을 제안합니다. 이 금액에 대해서는 여러분도 믿을 만한 이 사람들이 보증을 서 줄 것입니다.

**3차 진술**

# 단지 죽을 때가 된 것일 뿐

아테네인 여러분, 여러분은 이 나라를 비방하고 싶어하는 사람들에게, 별로 길지도 않은 시간을 기다리지 못해서 '지혜로운 사람' 소크라테스를 사형에 처했다는 비난을 듣게 될 것입니다. 왜냐하면 여러분을 비난하려고 하는 사람들은 내가 사실상 지혜롭지 않다 하더라도 그렇게 말할 것이기 때문입니다. 만약 여러분이 조금만 더 기다렸더라면, 여러분의 소망은 저절로 이루어졌을 것입니다. 왜냐하면 여러분도 잘 알다시피 나는 이미 오래 살았고 그래서 죽을 날이 멀지 않았기 때문입니다. 이 말은 여러분 모두에게 하는 것이 아니라 나의 사형집행에 찬성표를 던진 사람들에게 하는 것입니다. 그분들에게는 한 가지 더 일러둘 말이 있습니다.

아테네인 여러분, 여러분은 내가 무죄판결을 받기 위해 할 수 있는 온갖 짓, 온갖 말을 다 하지 않았기 때문에 나의 변론이 부실해져서 결

**전쟁터에서 적군을 죽이는 병사**
소크라테스는 목숨을 부지하기 위해 전쟁터에서 적에게 애걸하듯이 법정에서도 목숨을 구걸할 수는 있지만, 구차하게 살아남기보다는 죽는 것을 선택하겠노라고 한다. 펠로폰네소스 전쟁에서 스파르타군을 죽이는 아테네 병사를 나타낸 부조.

국 유죄판결을 받았다고 생각할 것입니다. 물론 나도 그렇게 하는 것이 옳다고 생각했더라면 그렇게 했을 것입니다. 그러나 사실상 나에게 사형판결이 내려진 이유는 결코 내 변론이 부실해서가 아닙니다. 그것은 내가 뻔뻔스럽지 못했고 후안무치하지 못했으며, 여러분의 비위에 맞는 말을 끝내 하지 않았다는 데 있습니다. 내가 생각하기엔 아무런 가치도 없는 것들이지만 여러분은 예전에 다른 사람들에게서 흔히 보고 듣던 그런 온갖 짓과 온갖 말을 다 해 가면서 울부짖으며 애원하는 광경을 내게서 보고 싶었을 것입니다. 하지만 나는 위험에 처했다고 해서 비굴하게 처신해서는 안 된다고 생각했고, 지금도 내가 그렇게 처신하지 않았다는 것에 대해 후회하지 않습니다. 오히려 달리 변론해서 살아남기보다는 이렇게 변론하고서 죽는 편이 훨씬 더 낫다고 생각합니다.

내가 되었건 다른 누군가가 되었건 전쟁터에서 그렇듯이 법정에서도 단지 목숨을 부지하기 위해 무슨 짓이든 하려 해서는 안 될 것입니다. 전쟁터에서는 무기를 버리고 뒤쫓아 온 적에게 무릎을 꿇고 애걸해서 살아남는 수가 종종 있는 것도 분명한 사실입니다. 그리고 무슨 짓이든 거리낌 없이 하려고만 한다면 그 어떤 위험한 상황에서도 죽음을 피할 길은 많습니다. 하지만 아테네인 여러분, 죽음을 모면하는 것은 그다지 어려운 일이 아닙니다. 이보다 더 어려운 것은 불의를 피하는 일입니다. 이것은 죽음보다 더 발이 빠르기 때문입니다. 지금 이 순간 나는 느린 늙은이여서 나보다도 느린 죽음에 붙잡혔지만 나를 고발한 영리하고 민첩한 사람들은 한층 더 민첩한 불의에 붙잡혔습니다. 내가 이 법정을 나설 때 여러분은 나에게 사형을 선고할 것입니다. 하지만 저들 고소인들은 불의와 악행으로 말미암아 진리에 의해 유죄선고를 받게 될 것입니다. 내가 이 판결을 순순히 받아들이듯이 저들도 그 판결을 순순히 받아들여야 할 것입니다. 아마도 그것은 이미 예정되어 있던 일이고, 나는 이런 귀결이 형평성에 맞는 것이라고 생각합니다.

이제 나는 나에게 유죄표를 던지신 분들에게 한 가지 예언을 해 두고 싶은 생각이 듭니다. 왜냐하면 나는 지금 사람들이 가장 예언을 잘하게 되는 시점, 곧 죽음의 시점에 이르렀기 때문입니다. 예언컨대, 나에게 사형을 언도하신 여러분, 여러분은 내가 죽은 후 여러분이 내게 내린 사형의 처벌보다 훨씬 더 가혹한 처벌을 받게 될 것입니다. 여러분은 나를 죽이고 나면 여러분의 행동을 놓고 잘잘못을 따지며 캐묻는 사람이 없을 것이라 믿고 그렇게 했을 것입니다. 하지만 그 결과는 정반대가 될 것입니다. 여러분은 따져 묻는 사람을 더 많이 만나게 될 것입니다. 여러분은 모르시겠지만 지금까지는 내가 그들을 자제시켰습니다. 그런데 그들은 젊기 때문에 그만큼 더 가혹하게 여러분을 다그칠 것이고 그래서 더 곤란하게 만들 것입니다. 만약 여러분이 이런 사람들을 죽이는 것으로 여러분의 생활이 올바르지 못하다는 비난에서 벗어날 수 있을 것이라고 생각한다면 이는 사실상 잘못된 생각입니다. 왜냐하면 그런 방식으로 비난을 모면하는 것은 가능한 일도 아닐 뿐더러 명예롭지도 않은 일이기 때문입니다. 비난을 모면하는 가장 손쉽고도 훌륭한 방법은 사람들의 입을 틀어막는 것이 아니라 최선을 다해 여러분 자신을 올바르게 가꾸는 것입니다. 이것이 나에게 사형을 언도한 분들에게 주는 마지막 충고입니다.

그리고 나에게 무죄투표를 해 준 분들과는 일이 이렇게 된 데 대해 몇 마디 이야기를 나누고 싶습니다. 이곳 직원들이 아직 할 일이 남아 있어서 내가 지금 당장 사형장으로 끌려가지 않아도 될 듯하기 때문입니다. 아테네인 여러분, 잠시만 나에게 시간을 내주십시오. 시간이 허용하는 한, 우리가 이야기를 나누지 못할 이유는 없습니다. 나는 여러분을 친구로 여깁니다. 그래서 나는 여러분이 지금 내게 일어난 일의 성격을 올바르게 인식하셨으면 좋겠습니다.

여러분은 배심원이라 부르기에 부족함이 없는 분들입니다. 이런 여러분에게 이제 내가 경험한 한 가지 놀라운 일을 말씀드리겠습니다. 그것은 내가 지금까지 늘 어떤 예언의 목소리를 들어 왔다는 것입니다. 이 목소리는 아무리 하찮은 것이라 하더라도 내가 뭔가 옳지 못한 일을 하려 할 때면, 하지 못하게 말렸습니다. 그런데 여러분이 보다시피, 지금 나에게는 중대한 일이 벌어졌습니다. 이 정도의 일이면 아마 최악의 재앙이라 할 수 있을 것이고 또 보통 그렇게 생각하실 것입니다. 그렇지만 내가 아침에 집을 나설 때에도, 내가 이곳 법정 안으로 들어올 때에도, 또 내가 변론하던 순간에도 그 신성한 목소리는 나를 제지하지 않았습니다. 예전에는 이 목소리가 내가 얘기하는 도중에도 자주 끼어들어 말렸습니다. 하지만 오늘 이곳에서는 내가 어떤 말을

**잠의 신 히프노스**
그리스 신화에서 잠의 신 히프노스와 죽음의 신 타나토스는 쌍둥이 형제로 묘사된다. 사진은 4세기경 만들어진 고대 조각 복제품으로 히프노스의 모습을 보여 준다.

하건 어떤 행동을 하건 끼어들어 말리지 않았습니다. 내가 이 일을 어떻게 받아들여야 할까요? 말씀드리건대 나는 지금 내게 일어난 이 일이 축복이 아닐까 생각합니다. 물론 우리는 죽는다는 것이 재앙이라고 생각해 왔습니다. 하지만 이는 아주 잘못된 생각입니다. 내가 이렇게 판단하는 데에는 이유가 있습니다. 만일 내가 하려는 일이 내게 좋지 않은 결과를 가져올 것이 분명했다면 그 목소리가 끼어들어 나를 말렸을 것임에 틀림없는데 오늘은 그런 일이 없었다는 점입니다.

이렇게 된 것이 잘된 일일 것이라고 생각할 수 있는 또 다른 이유가 있습니다. 죽는다는 것은 다음 둘 중의 하나일 것입니다. 즉 정말 아무것도 아닌 무無의 상태가 되어 아무것도 느끼지 못하게 되는 것이거나, 아니면 사람들이 흔히 말하듯 영혼이 이곳에서 다른 곳으로 옮겨 가는 것 말입니다. 그런데 죽음이 아무것도 느끼지 못하거나 꿈도 꾸지 않고 잠들어 있는 것과 같다면, 그것은 참으로 좋은 일임에 틀림없을 것입니다. 왜냐하면 만약 누군가에게 꿈도 꾸지 않을 만큼 깊이 잠든 밤을 골라내어 그 밤과, 그가 지내 온 다른 낮이나 밤을 비교해 본 후, 그의 인생에서 얼마나 많은 밤이나 낮이 그 밤보다 더 좋고 더 즐거웠는지 말해 보라고 한다면, 보통 사람이라면 말할 것도 없고 심지어 페르시아 대왕이라 하더라도 이런 밤이나 낮을 골라내기가 쉽지 않을 것이기 때문입니다. 그러니 만일 죽음이 정말 이런 것이라면, 나는 그것이 득이 되는 것이라고 말하겠습니다. 그럴 경우 죽음의 시간 전체는 단 하룻밤과 다르지 않을 터이니 말입니다. 다른 한편 만일 죽음이 이곳에서 다른 곳으로 옮겨 가는 것이라면, 그래서 사람들이 말하듯이 죽은 이들이 모두 그곳에 있다는 것이 사실이라면, 이보다 더 큰 축복이 어디 있겠습니까? 만약 우리가 이런 세상에 이르러, 소위 우리가 정의라 부르는 것과는 수준이 다른 정의를 구현하는 것으로 알려진 진정한 재판관들, 예컨대 미노스, 라다만토스, 아이아코스●, 트립톨레모스●와 같은 재판관들을 만나고 또 이 지상에서 올바르게 살았던 신성한 인물들을 모두 만날 수 있다면, 이런 여정은 아주 보람이 있는 것 아니겠습니까? 한번 생각해 보십시오. 여러분 중에는 어떤 대가를 치르고서라도 오르페우스나 무사이오스●나 헤시오도스●나 호메로스를 만나고 싶은 사람이 있지 않겠습니까? 만일 이런 것이 모두 사실이라면 나는 몇 번이라도 기꺼이 죽을 것입니다. 내가 그곳에서 그들을 만나고 또 팔라메데스●나 텔라몬의 아들 아이아스 그리고 불공정한 재판으로 죽은 옛 영웅들을 만나서 내가 겪은 일과 그들이 겪은 일을 비교해 볼 수 있다면 아주 즐거운 일이 되리라고 생각합니다. 그리고 무엇보다도 나는 그곳에서도 여기서처럼 그들의 생각을 따져 물어서 그들 가운데 누가 실제로 지혜로우며, 누가 지혜로운 척할 뿐 실제로 지혜롭지 못한지를 알아보며 지낼 수 있을 것이니 즐거울 것입니다. 배심원 여러분, 트로

● 플라톤의 대화편 《고르기아스》를 보면 미노스, 라다만토스, 아이아코스가 저승에서 죽은 자들을 재판하는 재판관으로 언급되고 있다.

● 트립톨레모스 고대 그리스 문헌 가운데 트립톨레모스를 죽은 자들의 재판관으로 언급하고 있는 곳은 이곳 이외에 없는 것으로 알려져 있다.

● 오르페우스와 무사이오스는 오르페우스 교리를 대표하는 인물로 함께 거론된다.

● 헤시오도스 고대 그리스의 서사시인(기원전 740년?~기원전 670년?). 고대 그리스 역사가인 헤로도토스는 호메로스와 헤시오도스가 그리스인들에게 신들을 만들어 준 인물이라고 평가했다. 대표적인 작품으로 《신통기》와 《일과 날》이 있다.

● 팔라메데스 트로이 전쟁에 참여한 그리스 군대의 영웅. 팔라메데스는 전쟁 당시 신혼인 오디세우스가 꾀를 부려 참전을 피하자 그 꾀를 탄로 내서 오디세우스의 원한을 샀다. 결국 그는 오디세우스의 거짓된 비방으로 돌을 맞고 죽었다고 한다. 대표적 소피스트인 고르기아스는 팔라메데스를 변론하는 연설문을 작성한 것으로 알려져 있다.

### 주사위놀이를 하는 아킬레우스와 아이아스

텔라몬의 아들 아이아스는 아킬레우스에 뒤지지 않을 정도로 용맹한 그리스 영웅이었다. 호메로스의 시와 소포클레스의 작품을 보면 아이아스는 전사한 아킬레우스의 갑옷을 두고 오디세우스와 서로 갖겠다고 다투었다. 그러나 그리스 군대의 지휘관인 아가멤논이 갑옷을 오디세우스에게 주도록 결정하자, 자신이 명예를 잃었다는 생각에 흥분한 나머지 양떼를 적으로 착각하고 이들을 도살하기도 한다. 그 후 제정신으로 돌아온 아이아스는 자신의 행동을 부끄러워하며 명예를 되찾고자 자살하였다. 기원전 540~530년경 도기.

이에 대군을 끌고 갔던 지휘관*이나 오디세우스나 시시포스*나 그 밖에 이름을 들 수 있는 수많은 남녀에게 따지며 캐물을 수 있다면 어떤 대가代價인들 아깝겠습니까? 그들에게 말을 걸고 그들과 어울려 논쟁하는 일은 더없이 즐거운 일일 것입니다. 어쨌든 거기서는 그렇게 했다고 해서 누군가를 사형에 처하지는 않을 것이라 생각합니다. 왜냐하면 사람들이 하는 말이 사실이라면 다른 무엇보다도 그곳에서는 사람들이 죽지 않을 것이기 때문입니다.

배심원 여러분, 여러분께서도 희망을 가지고 죽음을 바라보시되 이 한 가지만은 명심하시기 바랍니다. 즉 그 무엇도 선한 사람을 해치지 못한다는 것입니다. 이것은 살아서나 죽어서나 마찬가지입니다. 그리고 신들도 이런 사람의 일에 무심하지 않습니다. 지금 내가 이런 일을 겪게 된 데에도 특별한 이유가 있을 것입니다. 아마도 내가 죽어서 지금의 골칫거리에서 벗어나는 편이 더 나은, 그런 때가 되었기 때문일 것이라 여겨집니다. 신의 목소리가 나를 돌려세우지 않은 것도 그 때문일 겁니다. 또 그렇기 때문에 나는 나에게 유죄투표를 했거나 나를 고발한 사람들에게 아무런 유감도 없습니다. 물론 그들은 지금과 같은 좋은 결과를 예상하고 그렇게 한 것은 아니었습니다. 나를 해치려고 그렇게 하였지요. 그리고 바로 이런 점에서 그들은 비난받아 마땅합니다. 하지만 나는 그들에게 한 가지 부탁할 것이 있습니다. 만일 내 아들들이 성장한 후, 그대들이 보기에 덕성을 쌓는 일은 제쳐 두고 오로지 재물과 같은 것들에만 관심을 두거든 내가 그대들에게 따져 물었듯이 내 자식들에게 따져 물어 주십시오. 그리고 만약에 그 애들이 괜히 잘난 체하고 돌아다니거든 내가 그대들을 꾸짖었듯이, 중요한 일에는 마음을 쓰지 않고 또 아무짝에도 쓸모없으면서 대단한 인물인 척

**오디세우스**
호메로스가 쓴 《오디세이아》의 주인공. 《오디세이아》는 트로이 전쟁에 참전한 오디세우스가 전쟁이 끝나고 귀환하는 길에 겪는 온갖 모험 이야기로, 우여곡절 끝에 아내 페넬로페와 해후한 오디세우스가 그간 아내를 괴롭히고 가산을 탕진한 구혼자들을 처단하는 내용으로 끝을 맺는다.

● 트로이 전쟁 때 그리스 군의 총사령관이던 아가멤논을 가리키는 것으로 보인다.

● 고대 그리스에서 오디세우스와 시시포스는 둘 다 지혜로운 사람을 대표하는 인물이었다.

**시시포스**
시시포스는 여러 꾀를 이용하여 신들을 속이고는 죽어서 신들에게 받은 벌로 유명하다. 그 벌은 온힘을 다해 큰 바위를 산 정상까지 옮겨 놓으면 다시 그 돌과 함께 산 밑으로 굴러 떨어지기를 영원히 반복해야 하는 것이었다. 티치아노의 1548~1549년 작.

한다고 꾸짖어 주십시오. 그대들이 이렇게 해 준다면 나도 내 자식들도 여러분에게 정당한 대접을 받은 셈이 될 것입니다.

이제 우리가 떠나야 할 시간이 되었습니다. 나는 죽으러 가고 여러분은 살러 갑니다. 하지만 어느 쪽이 더 좋을지 아무도 모릅니다. 오직 신만이 아실 것입니다.

파이돈

**제1장**

# 소크라테스가 죽음을 두려워하지 않는 이유

**도입**

에케크라테스  파이돈, 감옥에서 소크라테스 선생님께서 독약을 드신 그 날, 선생님 곁에 계셨던가요? 아니면 그 이야기를 다른 분에게서 전해 들으셨나요?

파이돈  제 자신이 옆에 있었습니다, 에케크라테스.

에케크라테스  그렇다면 선생님께서 죽음을 앞두고 무슨 말씀을 하셨나요? 그리고 어떻게 임종을 맞이하셨는지요? 저는 정말 기꺼운 마음으로 들으렵니다. 요즈음엔 아테네를 자주 찾아가는 플리우스 시민들이 좀처럼 없기도 하고, 오랫동안 아테네에서 찾아오는 다른 지방 사람도 없어서, 우리는 누구도 그 일에 대한 확실한 정보를 모르기 때문입니다. 물론 선생님께서 독약을 마시고서 돌아가셨다는 그 사실 말고는요. 아무도 그 이상은 이야기해 주지 못하더군요.

**미노타우로스를 처치하는 테세우스**
그리스 신화의 영웅 테세우스는 아테네 사람들의 고충을 해결한 바 있다. 그는 일찍이 어머니 밑에서 자라다 아버지 아이게우스 왕을 찾아 아테네로 갔는데, 당시 아테네는 해마다 열네 명의 소년소녀를 괴물 미노타우로스의 제물로 테베에 바쳐야 했다. 그는 그 틈에 섞여 테베로 가 미노타우로스를 해치우고 그곳 공주의 도움으로 풀어놓은 실을 따라 미궁을 빠져나왔다. 기원전 550년경 도기.

파이돈   그러면 재판과 그에 관련된 일이 어떻게 진행되었는지도 듣지 못하셨나요?

에케크라테스   아니오, 그에 관해선 알려 준 사람이 있었답니다. 그래서 재판이 열리고 한참 뒤에야 돌아가신 거 같아 놀라워하고 있었지요. 무슨 이유라도 있었나요?

파이돈   우연한 일이 생겼죠. 재판 전날에 아테네 사람들이 델로스로 보내는 배의 뱃머리에 꽃 장식을 했거든요.

에케크라테스   그 배는 무슨 배였는데요?

파이돈   아테네 사람들의 말에 따르면, 그 배는 옛날 테세우스가 '남녀 일곱 쌍'을 태우고 크레테로 데리고 가서는 그들도 살리고 제 자신도 살린 그 배랍니다. 그 젊은이들은 그때, 만일 자기들이 구원을 받는다면 해마다 델로스로 축제 사절단을 보내 보답하기로 아폴론 신께

**음악을 연주하는 아폴론**
아테네 사람들은 테세우스가 미노타우로스를 처리한 후, 델로스로 사람을 보내 궁술의 신이자 음악의 신이던 아폴론 신에게 제의를 지냈다.

맹세했답니다. 바로 그 축제 사절단을 지금까지도 해마다 보내 신에 대한 맹세를 지키고 있는 겁니다. 그런데 아테네에는 이 사절단 파견이 시작되면, 사절단이 델로스에 갔다 돌아올 때까지 나라를 정결히 해야 하고 법률로 사형 집행이 금해집니다. 어쩌다 배가 풍랑을 만나면 다녀오는 데 오랜 시간이 걸리죠. 이 사절단의 파견은 아폴론 신의 제관이 그 뱃머리에 꽃 장식을 두를 때부터 시작됩니다. 한데 말씀드렸다시피, 재판 전날에 이 일이 벌어졌습니다. 감옥에 계시던 소크라테스 선생님께서 재판을 받고 돌아가시기까지 시간이 오래 걸린 것도 이 때문이었습니다.

**에케크라테스** 그러면 임종 당시 상황은 어떠했습니까, 파이돈? 무슨 말이 오가고 어떤 일들이 벌어졌으며, 어떤 친한 분들이 그분 옆에서 함께하였습니까? 혹시 관계자들이 친구들이 곁에 있는 것을 허락하지 않아, 혼자 외롭게 돌아가시진 않으셨는지요?

**파이돈** 그럴 리가요. 몇몇 사람이, 아니 실은 여러 사람이 함께 있었죠.

**에케크라테스** 바쁘지 않으시다면, 모쪼록 우리에게 최대한 자세하게 전해 주셨으면 합니다.

**파이돈** 별로 바쁜 것도 아니니, 이야기를 들려 드리지요. 제 입으로 말하건 남의 말을 듣건, 소크라테스 선생님을 떠올리는 것보다 즐거운 일은 없으니까요.

**에케크라테스** 파이돈, 당신과 같은 마음가짐을 가진 사람들이 이야기를 들을 준비를 하고 있습니다. 그러면 모든 이야기를 되도록 소상하게 해 주십시오.

**파이돈** 실은 그 자리에 있을 때 저는 묘한 느낌을 받았습니다. 친분을 나누던 사람의 임종을 지키고 있었지만 연민이 일지 않았지요. 선생님께선 행복해 보이기까지 했기 때문입니다, 에케크라테스! 몸가짐이나 하시는 말씀이나 두려움 하나 없이 당당하게 최후를 맞으시는 모습에서 저는, 저분께서는 신의 배려 없이 저승(하데스)으로 가시지는 않겠구나, 그리고 그곳에서 잘 지낸 분이 계시다면, 선생님이 바로 그러하시겠구나라는 생각이 강하게 들었지요. 바로 이런 이유로, 슬픔 앞에서 응당 생기게 마련인 연민의 느낌이 그다지 엄습하지 않더군요. 그렇다고 해서, 우리가 철학에 몰두해 있을 때면 곧잘 느끼던 즐거움을 느끼지도 못했습니다. 실은 그날도 그런 이야기를 나누었지요. 대신 선생님의 죽음이 임박한 바로 그 짧은 순간에 제겐 즐거움과 괴로움이 뒤섞인 익숙하지 않은 감정이 일더군요. 거기에 있던 사람들도 모두 비슷한 심정이었을 겁니다. 그렇게 웃기도 하고 눈물을 흘리기도 했는데, 아폴로도로스는 그중 유별났습니다. 그 사람이 어떤 사람인지는 댁도 알고 계시리라 짐작합니다만.

**에케크라테스** 알다마다요.

**파이돈** 그러니까 그 사람의 감정은 완전히 혼란 그 자체였습니다. 저 자신이나 다른 사람들도 혼란스러웠으니까요.

**에케크라테스** 한데, 파이돈, 거기에 있던 사람은 누구였습니까?

**파이돈** 아테네 사람 중에는 방금 말한 아폴로도로스, 크리토불로스, 그리고 그의 아버지가 있었지요. 그리고 헤르모게네스와 에피게네스, 아이스키네스, 안티스테네스도 있었습니다. 또 크테시포스와 메넥세노스, 그 밖의 다른 아테네 사람들도 몇몇 있었고요. 플라톤은 병이 났던 걸로 알고 있습니다.

**에케크라테스** 타지인들도 그 자리에 있었나요?

**파이돈** 예, 테베 사람 시미아스와 케베스, 파이돈데스, 메기라 출신 에우클레이데스와 테르프시온이 있었습니다.

**크산티페**
소크라테스는 자신의 형 집행 소식에 오열하는 크산티페를 감옥에서 내보낸다. 소크라테스에게 물 붓는 크산티페를 그린 17세기 책 삽화.

● **11인 위원회** 감옥 관리, 형 집행 등에 관한 임무를 관장하는 사람들. 아테네 열 개 부족에서 추첨을 통해 선발된 열 명의 위원과 한 명의 서기로 구성된다.

에케크라테스   아리스티포스와 클레옴브로토스도 있었나요?

파이돈   그들은 확실히 없었습니다. 아이기나에 있었다고들 하니까요.

에케크라테스   그 밖에 누가 또 있었나요?

파이돈   대충 그 사람들 정도로 생각됩니다.

에케크라테스   그렇다면, 어떤 내용의 이야기들이 오고 갔나요?

### 예비적인 대화

파이돈   처음부터 다 선생께 이야기해 드리겠습니다. 선생님이 돌아가시기 전날까지도 저나 다른 사람들이나 모두 날마다 소크라테스 선생님을 찾아뵈었습니다. 우리는 매일 새벽녘에 재판이 열렸던 법정에 모였지요. 법정은 감옥에서 가까웠으니까요. 옥문은 일찍 열리지 않았기 때문에 우리는 문이 열릴 때까지 이야기를 나누며 기다렸습니다. 그러다 문이 열리면 안으로 들어가 선생님과 온종일 함께 지냈지요.

그날은 특히 더 일찍 모였습니다. 전날 저녁 감옥을 나가는 길에 사절단이 탄 배가 델로스에서 돌아왔다는 소식을 들었기에, 이튿날은 그동안 모이던 곳에 되도록 일찍 오기로 서로 말을 해 둔 것이었습니다. 감옥에 이르자 늘 문을 열어 주던 문지기가 나와서, 지시할 때까지 들어오지 말고 기다리라고 하고는, "11인 위원회●가 소크라테스를 풀어 주며 오늘 형이 어떻게 집행될지를 지시하는 중입니다."라고 설명했습니다. 오래 걸리지 않아 그가 오더니 우리를 들여보내 주었습니다. 안에 들어가니 막 풀려나신 소크라테스 선생님과 그 옆에서 아들을 안고 앉아 계신 크산티페를 뵐 수 있었습니다. 선생도 크산티페를 아시겠지요. 크산티페께서는 우리를 보시자, 울부짖으며 부인네들이 흔히 하듯 말하더군요.

"아, 소크라테스! 이분들이 당신께 말을 건네는 것도, 당신이 이분들께 말을 건네는 것도 이제 마지막이군요."

그러자 소크라테스 선생님은 크리톤 쪽을 향해 말씀하셨습니다.

"크리톤, 누구더러 이 사람을 집에 데려가라고 해 주게."

그리하여 크리톤의 집안에서 몇 사람이 가슴을 치며 울부짖는 그녀를 데리고 갔습니다. 그러자 선생님께서는 침상에 앉아 다리를 굽혀 문지르시기 시작했습니다. 그리고 이렇게 말씀하셨지요.

"즐겁다는 것은 참 이상하지! 그와 반대로 생각되는 것, 괴로움과의 관계가 정말 놀랍지! 이 두 가지가 동시에 한 사람에게 생기는 법은 없지만, 둘 중 하나를 좇아 잡으면, 반대쪽 것도 잡을 수밖에 없게 되지 않나? 머리가 둘 달린 것처럼 말이야. 내가 보기엔 말일세, 아이소포스가 이런 생각을 했다면 우화를 하나 지었을 걸세. 신이 이 둘의 다툼을 화해시키고 싶어했지만 할 수 없었기에, 두 머리를 한데 매었는데, 그래서 둘 중 하나가 생기면 다른 하나도 반드시 뒤따른다는 식으로 말이야. 그러니까 바로 지금 내 경우, 족쇄 때문에 다리에 고통스러움이 있었는데, 즐거움이 곧 뒤따라 온 것처럼 말이지."

그러자 케베스가 끼어들었습니다.

"맹세코, 선생님! 제 기억을 일깨워 주셨으니 어쨌든 잘하신 겁니

**아이소포스**
그리스의 우화 작가(기원전 620~기원전 560). 영어식 이름 이솝으로 널리 알려져 있다. 헤로도토스의 기록에 따르면 사모스에서 노예 생활을 하다가 델포이에서 살해되었다. 디에고 벨라스케스의 1639~1640년 작.

다. 사실은 선생님께서 지으신 시들, 즉 아이소포스의 우화와 아폴론 신에 대한 찬가를 운문으로 만드신 일을 놓고 벌써부터 제게 그에 관해 물은 사람들이 몇 있었는데, 그저께는 에우에노스도 묻더군요. 이전에는 시를 짓지 않던 분이 이리로 오신 뒤에는, 도대체 무슨 생각이 들어 시를 지으셨는지 말입니다. 그러니 에우에노스께서 제게 다시 물을 때 제가 그분께 해 줄 대답에 조금이라도 마음을 쓰신다면, 제가 어떻게 답을 해야 될지 알려 주십시오. 저는 그분께서 다시 물으리라는 걸 잘 알고 있으니까요."

선생님께서 말씀하셨습니다.

"그에게 진실을 말해 주게나. 내가 시를 지은 것은 그 사람을 상대로든 그의 시를 상대로든 경쟁을 하려는 것은 아닐세. 그것 역시 결코 쉬운 일이 아님은 나도 알고 있네만. 내가 시를 지은 것은 내 꿈이 의미하는 것이 무엇인지를 시험해 보고, 마음에 불경스러움이 없게 하려 한 것이네. 여러 차례나 꾼 그 꿈이 정말 이런 시가詩歌를 지으라고 지시한 것이라면 말일세.

그 꿈은 바로 이런 식이었지. 지금까지 살면서 똑같은 꿈을 여러 차례 꾸었다네. 그때마다 꿈은 다르게 나타났지만 그 의미는 똑같았어. '소크라테스여, 시가를 지어라. 그리고 시가에 전념하라.'고 말일세. 전에는 그 말을, 내가 하고 있는 바로 그 일을 하도록 내게 격려하고 성원해 주는 것으로 받아들였네. 마치 사람들이 달리기 주자에게 격려를 하는 것처럼 이 꿈은 내가 하던 일을 하도록, 즉 시가를 지으라고 나를 격려한 것이지. 철학이야말로 가장 위대한 시가이고, 그것이 바로 내가 하고 있는 일이었기 때문 아니겠는가. 하지만 지금은 재판도 끝난 뒤고 아폴론 신의 축제 때문에 나의 죽음이 지체되었으니, 그 꿈이 정녕 이런 통속적인 의미의 시가를 지으라고 수차 내게 지시한 것이라면, 그에 불복할 것이 아니라, 그런 시가를 지어야 하겠다는 생각

〈소크라테스의 죽음〉
소크라테스의 마지막 날을 함께했던 파이돈은 에케크라테스에게 그날의 일을 전한다. 장 프랑수아 피에르 페롱의 1787년 작.

이 들었다네. 그 꿈의 지시에 따라 시를 짓고 마음에 불경스러움을 없애고 나서 이 세상을 떠나야 마음이 더 편할 테니까. 그래서 나는 먼저 제사를 받던 그 신을 찬미하는 찬가를 지었네. 그 신 다음에는, 진정한 시인이라면 모름지기 우화를 지어야지 논증하는 글을 지어서는 안 된다고 생각하기도 했고, 나 자신이 우화에는 재간이 없는 사람이기도 해서, 바로 써먹을 수 있고 또 내가 알고 있는 아이소포스의 우화 가운데 먼저 떠오르는 것들을 운문으로 고쳐 보았네. 그러니까 케베스, 에우에노스에게 이 말을 해 주고, 안부도 전해 주게. 또한 건전한 마음을 가지고 있다면, 될 수 있는 대로 빨리 나를 따라오라고 일러 주게나. 나는 오늘 떠나게 될 것 같네만……. 아테네인들의 명령이 그러하니."

그러자 시미아스가 말했습니다.

"어찌 에우에노스께 그런 것을 권고하시는지요, 선생님! 그분을 이미 여러 번 만나 뵈었지만, 제가 보기로는 자발적으로 선생님의 권고를 따를 분 같지 않습니다."

"뭐라고? 에우에노스는 지혜를 사랑하는 사람(철학자)이 아니더란 말인가?" 소크라테스 선생님께서 물으셨습니다.

"저는 그런 분이라고 믿고 있습니다." 시미아스가 대답했습니다.

"그렇다면 에우에노스는 물론이거니와, 지혜를 사랑하는 일에 관여할 만한 사람이면 누구나 기꺼이 내 권고에 따르려 할 것이네. 하지만 스스로 목숨을 끊지는 않을 걸세. 그건 옳은 일이 아니라고 말들 하니까." 소크라테스 선생님께서는 이런 말씀을 하시면서 다리를 바닥에 내리시더니, 대화를 나누시는 동안 줄곧 그렇게 하고 계셨습니다.

케베스가 선생님께 여쭈었습니다.

"선생님, 자살은 옳은 일이 아니라고 하시면서, 지혜를 사랑하는 사람은 죽는 사람의 뒤를 기꺼이 따라야 한다는 이 말씀, 도대체 무슨 뜻인지요?"

"아니, 케베스, 자네와 시미아스는 필롤라오스와 함께했을 때도 이런 말을 들은 적이 없단 말인가?"

"아무것도 명확히 들은 것이 없습니다, 선생님!"

"나 자신도 들은 걸 토대로 이런 말을 하고 있는 걸세. 그러나 내가 들은 것이라고 해서 말하기 거북하다는 건 아닐세. 게다가 저 세상으로 떠나려는 사람으로서 그곳으로의 이주에 대해서 충분하게 심사숙고해 보고, 그곳에서 머무르는 것이 어떨지를 서로 이야기해 보는 것은 지금 아마도, 아니 가장 적합한 일일 걸세. 이것 말고 해가 질 때까지 뭘 하며 보낼 수 있겠는가?"

"그러면 무슨 근거로 사람들은 자살이 옳지 못하다고들 말하는 건가요? 실은 필롤라오스와 함께 지냈을 때 그분께서도 선생님이 금방 물어보신 부분에 대해 말씀하신 적이 있습니다. 다른 사람들에게도 들은 적이 있고요. 누구도 자살을 해서는 안 된다고 말입니다. 하지만 그에 대해 명확한 설명을 들은 적은 없습니다."

"이제 용기를 내야 하네. 어쩌면 자네가 뭔가 듣게 될 테니. 만약에 다른 모든 것 중에서도 죽음만이 무조건적인 것이라면, 그래서 다른 경우들처럼 때로 어떤 사람들에게는 사는 것보다는 죽는 것이 더 나은 경우란 결코 없다면, 아마 자네에겐 놀랄 일로 보이겠지. 하지만 죽는 것이 오히려 나은 그런 사람일지라도 스스로 자신에게 도움이 될 만한 일을 하는 것(자살을 택하는 것)은 경건한 일이 못 되고, 다른 은인을 기다려야만 한다는 것도 자네에겐 놀랄 일로 보일 게야." 선생님께서 말씀하셨습니다.

그러자 케베스가 조용히 웃으면서, "그렇겠지요."라고 자기 고향 사투리로 말했습니다.

"물론 이런 발언이 불합리하게 여겨질 테지. 그래도 해명할 거리는 있을 걸세. 은밀히 전해 오는 한 가지 설에 의하면, 우리 인간은 본래 일종의 감옥에 갇혀 있으며, 아무도 거기서 자신을 풀려나게 해서도 안 되며 몰래 도망가서도 안 된다네. 내가 보기에 이 설은 대단한 것이지만 그 심오한 의미를 알아차리기가 쉽지 않다네. 그렇긴 해도 한 가지는 옳다고 생각하는데, 즉 신들은 우리의 보호자고, 우리 인간은 신의 소유물이라는 점 말이네. 자네는 그렇게 생각하지 않는가?"

"저도 그렇게 생각합니다."

"만약 자네의 소유물이 자네가 죽기를 바란다는 의사를 보이지 않는데도 자살을 한다면, 그 일에 화가 나는 것은 물론이거니와 또 벌을 줄 방도만 있다면 그렇게 하지 않겠는가?"

"당연히 그렇게 하겠지요."

"그러니까 그런 점에서 보자면, 지금의 나처럼 신에게서 필연을 내려 받기 전에 자살을 해서는 안 된다는 주장이 불합리하지는 않은 게지."

〈자살〉
소크라테스는 자살을 해서는 안 되는 이유를 케베스에게 설명한다. 레오나르도 알렌사 이 니에토(1807~1845) 작.

"그 점은 납득이 가는군요."라고 케베스가 말했습니다. "그렇지만 방금 우리가 말한 대로 신이 우리의 보호자이고 우리가 신의 소유물이라는 게 이치에 맞다면, 아까 선생님께서 지혜를 사랑하는 이들(철학자들)은 기꺼이 죽으려 할 거라고 하신 말씀이 이상하게 들립니다. 가장 지혜롭다는 이 사람들은 신으로부터 자유로워진다고 자신이 스스로를 더 잘 보살피리라고 생각지 않을 겁니다. 그러니까 그들이 누구보다 훌륭한 감독자인 신의 가호를 벗어나 세상을 떠나면서 이의를 제기하지 않는다는 것은 이치에 맞지 않습니다. 반면에 어리석은 자는 좋은 주인 밑에서 되도록 오래 머무르는 것이 좋다는 데까지 생각이 미치지 못합니다. 그래서 주인에게서 도망을 쳐야 한다는 생각을 하고 도망가 버리게 되는 거지요. 그러나 저는 지각 있는 사람이라면 항상 자기보다 나은 사람과 함께 있기를 원할 거라 생각합니다. 그렇다면 선생님, 이는 앞에서 말씀하신 것과 반대되는 것 같습니다. 왜냐하면 지혜로운 사람은 자신의 죽음에 화를 내겠지만, 어리석은 자는 기뻐할 테니까요."

소크라테스 선생님께서 이 말을 들으시고는 케베스의 탐구심을 기꺼워하시는 것 같았지요. 그리고 우리 쪽을 보며 말씀하셨습니다.

"역시 케베스는 항상 논의거리를 찾아내고, 누구의 말이건 곧이곧대로 받아들이는 법이 없군."

시미아스 또한 말했습니다.

"그렇지만 선생님, 이번 경우만큼은 제가 보기에도 케베스의 말에 일리가 있는 것 같은데요. 진정 지혜로운 자들이 무슨 이유로 자기보다 더 훌륭한 주인들에게서 도망가서, 선뜻 해방되고 싶어하겠습니까? 그리고 케베스의 논의는 선생님을 겨냥한 거라고 생각됩니다. 이는 선생님께서도 친히 인정하시듯, 선생님이 훌륭한 지배자이신 신과 저희를 모두 기꺼이 버리려 하고 계시기 때문입니다."

**독미나리**
소크라테스는 독미나리즙을 독약으로 받아 마시고 하반신부터 서서히 마비되어 숨이 멎었다. 독미나리의 독은 현기증과 구토, 근육 경련을 유발시킨다.

"자네들 말이 옳다네." 선생님께서 말씀하셨다. "자네들 말은 내가 이 문제에 대해 마치 법정에서처럼 변론을 해야 한다는 것 같구먼."

"네, 그렇게 해 주셨으면 합니다." 시미아스가 대답했습니다.

"그러면 자, 배심원들에게 한 것보다 더 설득력 있게 변론을 해 보지. 시미아스, 케베스! 먼저, 내가 만일 지혜로우며 훌륭한 다른 신들 곁으로 가게 될 거라고 생각하지 못했다면, 또 이미 죽었으나 이 세상 사람들보다 더 훌륭한 인간들 곁으로 가게 될 거라고 생각하지 못했다면, 죽음에 대해 불평을 하지 않는 게 잘못일 테지. 하지만 잘들 들어 두게나. 난 훌륭한 사람들 곁으로 가게 되기를 희망하네. 그걸 장담할 수는 없지만 말이야. 다만 한 가지 확실하게 주장할 수 있는 것은 바로 내가 아주 훌륭한 주인이신 신들 곁으로 가게 되리라는 것이네. 이런 이유로 나는 그만큼 화를 내지 않는 거라네. 오히려 죽는 사람들에게는 무엇인가가 있을 것이며, 예로부터 전해 오듯 선량한 사람들에게는 악한 사람들보다 훨씬 더 좋은 것이 있으리라는 희망을 난 갖고 있네."

"그러면 선생님, 지금 그런 생각을 친히 간직하고 떠나시려는 건가요? 저희에게 나눠 주시지 않고요? 제가 보기에 그 생각은 저희에게도 공통적으로 득이 될 것 같고, 동시에 선생님의 변론도 될 것 같습니다. 만약 선생님께서 말씀하시는 내용이 저희를 납득시킨다면 말입니다." 시미아스가 말했습니다.

"말해 보겠네. 하지만 먼저 여기 있는 크리톤의 말부터 들어 보세. 아까부터 내게 할 말이 있는 것 같은데." 선생님께서 말씀하셨습니다.

"소크라테스, 자네에게 독약을 줄 사람이 하는 말 때문이네. 아까부터 자네에게 되도록 말을 적게 해야 한다는 사실을 일러 주라고 했거든. 말을 하면 더 열이 나게 되니, 독약에 그런 영향을 미쳐서는 안 된다는 게야. 그렇지 않을 경우에는 독약을 두 배 내지 세 배까지도 마셔야 한다는구먼." 크리톤께서 말씀하셨습니다.

그러자 소크라테스 선생님께서 말씀하셨습니다.

"그 사람은 신경 쓰지 말게. 두 배, 아니 필요하다면 세 배까지도 독을 준비하는 게 자기 일 아닌가."

"자네가 그렇게 말하리라 짐작하고 있었지. 그렇지만 아까부터 나를 귀찮게 해서 말이야." 크리톤께서 말씀하셨습니다.

"그 사람은 개의치 말게. 이제 판관들인 자네들에게 아까 이야기하던 그 근거를 설명하고 싶군. 어째서 진정 철학(지혜에 대한 사랑)을 하며 일생을 보낸 사람은 죽음에 임박하여 확신을 갖게 되고, 죽어서는 저승에 가서 가장 좋은 것들을 얻게 되리라는 강한 희망을 갖게 되는 것이 당연한지 그 이유 말이네. 자, 시미아스 그리고 케베스, 어떻게 그리 될 수 있는지 설명해 주지." 선생님께서 말씀하셨습니다.

### 소크라테스의 변론

"다른 사람들이 모름직한 것이 있다네. 올바른 방식으로 철학에 종사해 온 사람들은 평생 죽는 것(죽는 과정)과 죽음(죽어 있는 상태)만을 실천하고 있다는 것일세. 이제 이 말이 사실이라면, 평생 이것만을 열망해 오다가 정작 오래도록 열망하고 예비한 것이 닥쳤을 때 화를 낸다는 것은 참으로 이상한 짓이 되겠지."

그러자 시미아스가 웃으며 말했습니다.

"맹세코 말씀드립니다만, 선생님! 지금 웃을 기분은 아닙니다만, 선생님께서 저를 웃게 만드십니다. 많은 사람들이 이 말을 들으면 철학하는 사람들에 대해서 선생님께서 가장 직질하게 말씀하셨다고 여길 거라 생각하기 때문이지요. 저희 고장 사람들(테베 사람들)도 이 생각에 전적으로 동의할 것입니다. 진정 지혜를 사랑하는 사람들은 죽을 준비가 되어 있고, 이들이야말로 이를 받아들일 자격이 있다는 것을 모르는 사람도 별로 없습니다."

"그 사람들도 진실을 말하고 있는 걸세, 시미아스. 다만 모르고 있을 뿐이지. 진실로 지혜를 사랑하는 사람들이 어떤 점에서 죽기를 바라고 어떤 점에서 죽을 자격이 있으며 그리고 그것이 어떤 종류의 죽음인지를 모르고 있다는 말이네. 그들은 놔두고 우리끼리 이야기해 보세나. 우리는 죽음이 확실하고 실재하는 어떤 것으로 생각하는가?" 선생님께서 물으셨습니다.

"물론입니다." 시미아스가 대답했습니다.

"우리는 확실히 죽음을 몸에서 영혼이 벗어나는 것으로만 생각하고 있지? 즉 몸이 영혼에서 분리되어 그 자체만으로 있게 되고, 영혼도 몸에서 벗어나 그 자체만으로 있게 되는 것이라고 생각하는 게지? 죽음이란 그런 것 아니겠는가?"

"네. 바로 그것입니다." 그가 말했습니다.

"여보게, 과연 자네 생각이 내 생각과 같은지 생각해 보게나. 그렇게 하면 우리가 심사숙고하고 있는 것들에 대해 더 많이 알게 될 걸세. 자네가 보기에 먹고 마시는 것 따위의 소위 즐거움을 갈망하는 것이 지혜를 사랑하는 사람에게 해당될 것 같은가?"

"전혀 그렇지 않습니다, 선생님!" 시미아스가 말했습니다.

"그러면 사랑을 나누는(성적인) 즐거움은 어떤가?"

"전혀 해당되지 않지요."

"그러면 몸을 보살피는 것들에 대해서는 어떤가? 지혜를 사랑하는 사람이 귀하게 여길 거라고 생각하는가? 예를 들면, 세련된 옷이나 신발을 산다거나 몸을 돋보이게 하는 것들을 귀하게 여길 것 같은가, 아니면 대수로이 여기지 않을 것 같은가? 그것들을 긴박하게 갖춰야 할 필요성이 있는 경우를 제외하고 말일세."

"진정으로 지혜를 사랑하는 사람이라면 그런 것들을 대수로이 여기지 않을 겁니다." 시미아스가 대답했습니다.

**영혼을 두고 다투는 천사와 악마를 지켜보는 신**
소크라테스는 죽음이란 영혼과 육체의 분리 상태라고 주장한다. 마이스터 폰 하일리겐크로이츠의 1425년경 작.

"대체로 그런 사람의 관심사는 몸에 관련된 것을 향할 것이 아니라, 몸에서 멀리 떨어져 되도록 영혼을 향할 거라고 여겨지지 않는가?" 선생님께서 물으셨습니다.

"그렇게 생각되는군요."

"그러면 먼저 이런 것들로 미루어 보아, 지혜를 사랑하는 사람이라면 확실히 다른 사람들과는 달리 영혼을 몸과의 결합 상태에서 최대한 벗어나게 하는 사람이 아니겠는가?"

"그렇습니다."

"그러면 시미아스! 이런 것들에서 아무런 즐거움을 얻지도 못하고, 관여하려고도 하지 않는 사람이라면 많은 사람들은 그들을 살 가치도 없다고 여길 것이네. 사실 육체적 쾌락을 모르는 사람은 죽음에 상당히 근접해 있는 걸세."

"선생님 말씀이 전적으로 옳으십니다."

"그러면 지혜를 얻는 것에 대해서는 어떻게 생각하는가? 지혜를 탐구하는 과정에 몸을 동반자로 삼는다면 그것은 방해물이 되겠는가, 그렇지 않겠는가? 내가 말하려고 하는 것은 보는 것과 듣는 것에서 어떤 진리를 발견할 수 있겠는가 하는 걸세. 아니면 시인들조차도 언제나 우리에게 되풀이해서 말하듯이, 우리는 정확한 것을 듣지도 보지도 못한다는 게 사실인가? 하지만 만일 육체의 감각들 가운데서 보는 것과 듣는 것이 정확하지도 명확하지도 않다면, 다른 감각들은 훨씬 못할 걸세. 나머지 것들은 모두 변변치 못하기 때문이지. 혹시 자네들에겐 그렇게 보이지 않는가?"

"물론입니다." 시미아스가 대답했습니다.

"그렇다면 영혼은 언제 진실을 파악하게 될까? 몸과 더불어 뭔가를 들여다보려고 할 때 영혼은 몸에게 속아 넘어갈 수밖에 없으니 말이야." 선생님께서 말씀하셨습니다.

"옳으신 말씀입니다."

"그러면 존재하는 것들 가운데 어떤 것이 영혼에 아주 명백해진다면, 그것은 추론 행위를 통해서가 아니겠는가?"

"그렇지요."

"그렇다면 추론은 영혼이 청각이나 시각, 고통이나 즐거움으로 인해 괴로움을 겪지 않을 때 잘 되는 것이 아닐까? 다시 말해 영혼이 몸에서 떨어져 가능한 그 자체로만 있게 되어 몸과 관계하거나 접촉하지 않으면서 존재하는 것을 얻으려고 애쓰는 때에라야 가장 훌륭하게 추론을 할 수 있을 걸세."

"그건 그렇습니다."

"그러니까 지혜를 사랑하는 사람의 영혼은 특히나 몸을 대수롭지 않게 여기고 몸에서 벗어나 영혼 그 자체로만 있기를 추구하지 않겠는가?"

"그렇습니다."

"그러면 이런 것들은 어떤가, 시미아스? 자네는 올바름이 그 자체로 있다고 주장하는가, 아니면 전혀 그런 것은 없다고 주장하는가?"

"확실히 있다고 주장합니다."

"그러면 아름다움과 좋음도 그런가?"

"왜 없겠습니까?"

"그러면 자네는 이런 것들을 눈으로 본 적이 있는가?"

"한 번도 없습니다." 그가 말했습니다.

"하지만 다른 어떤 형태의 육체적 감각을 가지고서 그것들을 감지한 경우는 있었나? 난 모든 것에 대해 이야기하고 있는 거라네. 예를 들어, 크기, 건강, 힘 그리고 한마디로 말해서 그 밖의 모든 것의 존재●, 즉 진실로 각각 존재하는 것들에 대해서 말일세. 그것들의 참모습이 몸을 통해 관찰되는가? 아니면 사실은 이런 게 아닐까? 우리 가운데 자신

● **존재** ousia '우시야'는 그리스어 einai(영어의 be동사)를 명사화한 말로, 기본적으로 어떤 사람에게 '있는 것', '자산'을 의미한다. 이 말이 철학적으로 사용되면서 변화하는 사물들 가운데 변화하지 않고 유지되는 것, 즉 '본질'이나 '실재', '존재' 등의 의미로 사용된다.

이 살피고 있는 하나하나를 가장 정확하게 사유하기 위해 최선을 다해 준비하고 있는 사람, 이런 사람이 그 하나하나를 인식하는 데 가장 가까이 다가가지 않겠는가?"

"물론입니다."

"그렇다면 가장 순수하게 사유를 하는 사람은 이런 사람이 아니겠는가? 되도록 사유 자체만 가지고 각각의 것에 접근하는 사람, 즉 사유를 하면서 시각을 쓰지도 않고 추론에 다른 어떤 감각도 끌어들이지 않으며, 사유 자체만을 순수하게 추구하려는 사람, 즉 일단 눈과 귀 그리고 요컨대 몸 전체에서 가능한 해방된 사람 말일세. 몸이 함께할 경우에는 몸이 영혼을 혼란스럽게 하여 영혼이 진리와 지혜를 얻는 데 방해가 되기 때문이야. 시미아스, 이런 사람이야말로 존재하는 것에 이를 수 있지 않겠나?"

"지극히 옳으신 말씀이십니다, 소크라테스 선생님!" 시미아스가 말했습니다.

선생님께서 말씀하셨습니다.

"그러므로 이런 모든 이유로 순수하게 지혜를 사랑하는 사람들은 필연적으로 서로 다음과 같은 말을 나누게 될 게야.

'우리를 결론에 이르게 해 줄 지름길이 있는 것 같아 보이네. 탐구 과정에서 이성과 함께 몸을 사용하는 한, 즉 우리의 영혼이 그런 결함과 뒤섞여 있는 한, 우리는 절대로 우리가 열망하고 있는 것을 충분히 얻지 못하리라는 결론 말일세. 우리는 이것을 진리라고 확신하네. 왜냐하면 우리 몸은 먹고 사는 데 필요한 것을 얻기 위해 무척이나 분주하기 때문이지. 게다가 질병에라도 걸리면, 몸은 존재하는 것을 추구하는 데 방해가 되네. 그리고 몸이 욕정과 욕망, 두려움, 온갖 형태의 환영과 수많은 어리석음으로 우리를 가득 채우면, 몸 때문에 우리는 속담에서 말하는 것처럼 진실로 아무런 생각도 할 수 없게 되는 거라네. 결국 몸과 몸의 욕망들만이 전쟁과 불화와 다툼을 일으킨다네. 모든 전쟁은 재물을 소유할 요량으로 일어나지만 몸을 위해서는 재물을 소유하지 않을 수 없는 법이니, 우리는 몸을 보살피기 위해 몸의 종노릇을 하고 있는 것이지. 그러니 몸 때문에 그리고 이 모든 이유로, 우리는 철학을 위한 여가를 얻을 수 없는 게야. 하지만 더욱 고약스러운 것은 몸을 보살피는 일에서 벗어나 여가라도 생겨서 무언가를 고찰해 보려고 하면, 몸은 탐구 과정에 끊임없이 나타나 소란과 혼란의 원인이 되고 우리를 무분별하게 만들지. 결국 몸 때문에 진실을 볼 수 없게 된다네. 진실로 뭔가를 순수하게 알려 한다면, 우리는 몸에서 해방되어야 하며 사물 자체를 영혼 자체만으로 관찰해야 한다는 것이 밝혀졌네.

그리고 우리가 열망하고 사랑한다고 주장하는 지혜는 이 논의가 보여 주듯이, 우리가 살아 있는 동안이 아니라 죽은 다음에라야 우리의 것이 될 걸세. 만일 몸과 함께할 때는 아무것도 순수하게 알 수가 없다면, 앎을 얻는 것은 아예 불가능하거나, 아니면 죽어서나 가능하기 때문이지. 그때서야 영혼은 몸과 떨어져서 그 자체로만 있게 되고 그전에는 절대로 그렇지 못할 테니까. 절대적으로 필요한 일이 아닌 한 살아 있는 동안 되도록 몸과는 함께하지 않으며 관련되지 않을 때라야, 그리고 몸의 본성에 영향을 받지 않으면서 신께서 스스로 우리를 자유롭게 해 주기 전까지 우리 자신을 몸으로부터 순수하게 유지할 때라야 앎에 가장 가까이 다가가게 될 것 같아. 그리고 몸의

〈철학자〉
소크라테스는 지혜를 사랑하는 사람은 신체적 감각을 믿고 의지하기보다 영혼 그 자체로 탐구를 해야 한다고 말한다. 틴토레토의 1570년 작.

어리석음에서 해방되어 순수해질 때 순수한 것과 함께하게 될 테고, 우리 자신을 통해서 순수한 모든 것을 알게 될 것이네. 어쩌면 이것이야말로 진리일 게야. 순수하지 못한 것이 순수한 것을 얻는다는 것은 적법하지 않은 일이니까.'

시미아스, 진정으로 배움을 좋아하는 사람들은 서로에게 반드시 이와 같은 말을 하고, 이와 같은 생각을 할 거라고 나는 생각하네. 자네는 그렇게 생각하지 않는가?"

"무엇보다도 그러리라 생각됩니다, 선생님!"

"그러니 여보게들, 만일 이런 것들이 사실이라면, 그리고 내가 가고 있는 종착지라는 그런 곳이 정말 있다면, 나에게는 그곳에 도착한 사람이 그곳에서 지나간 우리의 생애 동안에 우리의 지속적인 관심사였던 것을 충분히 얻을 것이라는 원대한 희망이 있다네. 그래서 지금 내게 주어진 여정이야말로 밝은 희망 속에서 시작되는 것이니, 누구든 정화됨으로써 자신의 사고가 준비된다고 생각하는 사람은 마찬가지일 걸세."라고 소크라테스 선생님께서 말씀하셨습니다.

〈삶에 대한 욕망의 알레고리〉
소크라테스는 욕망의 원천인 몸과 완전히 분리된 영혼만이 순수한 지혜를 얻을 수 있고, 그렇기에 살아 있는 동안은 지혜에 도달하는 것이 불가능하다고 말한다. 한스 마카르트의 1868~1869년 작.

"그렇고 말고요."

"그리고 순수화란 지금까지 논의 과정에서 판명되었듯이, 영혼을 되도록 몸에서 분리하고 몸의 모든 부분에서 영혼 자체만이 모이고 결합하여, 마치 사슬에서 풀려나듯 몸에서 풀려나게 해서 지금뿐만 아니라 앞으로도 되도록 영혼이 그 자체로 홀로 살아가도록 습관을 들이는 것이 아니겠는가?"

"확실히 그렇습니다."

"사람들의 입에 죽음이란 이름으로 오르내리게 되는 이것이 곧, 몸에서 영혼이 풀려나고 분리되는 것이 아니겠는가?"

"전적으로 그러합니다." 그가 대답했습니다.

"우리가 주장하듯, 영혼을 풀려나게 하는 것은 올바르게 지혜를 사랑하는 사람들만이 가장 열심히 하는 일이네. 그러니 철학자들의 수련이야말로 몸에서 영혼이 풀려나고 분리되는 것이겠지. 그렇지 않은가?"

"그런 것 같습니다."

"그러니 내가 처음에 말했다시피, 살아서도 죽음에 최대한 가까운 상태로 살아가는 준비를 하는 사람이 막상 죽음이 다가왔을 때 화를 낸다는 것은 우스운 일이 아니겠는가?"

"왜 아니겠어요. 우스운 일이죠."

"사실, 시미아스, 제대로 지혜를 사랑하는 사람들은 죽는 것을 수련하고 있는 셈인데, 다른 어떤 사람들보다 이들에게 죽음이란 가장 덜 두려운 것이라네. 이런 관점에서 생각해 보게나. 만일 이들이 완전히 몸과 따로 떨어져 있으면서 영혼 자체만을 갖기를 원하다가 막상 그런 일이 벌어지자, 두렵다고 화를 낸다면 매우 불합리한 일이 아니겠는가? 도착하자마자 일생 동안 희구해 오던 것(지혜)을 얻게 되고, 소원疏遠하게 지내 오던 것들과 함께하지 않아도 되는 희망이 있는 그곳으로 기꺼이 가려 하지 않는다면 말이야.

그런가 하면 사랑하는 사람들, 부인이나 아들이 죽으면 많은 사람늘은 자발적으로 저승(지하세계)으로 가려 했네. 그리워하는 사람을 거기에서 보고 함께 지낼 수 있으리라는 희망에 이끌려서 말이야. 그런데 어떤 사람이 참으로 지혜를 사랑하고 저승 말고는 다른 어떤 곳에서도 지혜를 제대로 접할 수 없으리라는 확고한 기대를 갖고 있으면서 막상 죽게 되자 화를 내며 흔쾌히 그곳으로 가려고 하지 않을까?"

⟨지하세계에서 에우리디케를 데려오는 오르페우스⟩
죽은 아내 에우리디케를 지하세계에서 데리고 나오는 오르페우스를 그린 그림. 오르페우스는 하프 연주로 하데스의 환심을 사서 아내를 데리고 가도 좋다는 허락을 받아내지만 하데스의 금기를 어기고 뒤를 돌아보는 바람에 다시 아내를 잃는다. 장 밥티스트 카미유 코로의 1861년 작.

여보게들! 그 사람이 참으로 지혜를 사랑하는 사람이라면, 그러지는 않으리라고 생각해야 하네. 그곳이 아니고서는 순수하게 지혜를 만날 수 없으리라는 생각이 확고하기 때문이지. 만일 상황이 그러하다면, 내가 방금 말했듯이 그런 사람이 죽음을 두려워한다는 것은 지극히 불합리한 일이 아니겠는가?" 선생님께서 물으셨습니다.

"당연히 그러하지요." 그가 대답했습니다.

"그러면 죽음에 임박해서 화를 내는 사람은 지혜를 사랑하는 사람이 아니라 몸을 사랑하는 사람이라는 충분한 증거가 되지 않겠나? 그리고 그 같은 사람은 아마 재물이나 명예를 좋아하는 사람일 걸세. 아니면 둘 다 좋아하는 사람일 게야." 선생님께서 말씀하셨습니다.

"말씀하신 그대로입니다." 그가 말했습니다.

"그렇다면 시미아스, 사람들이 용기라 하는 것도 제대로 지혜를 사랑하는 사람들에게 가장 잘 어울리지 않겠는가?"

"전적으로 그럴 것 같습니다."

"그러니까 많은 사람들이 절제라고 일컫는 것, 즉 욕망에 대해 심하게 흥분하지 않고 오히려 대수롭지 않게 여겨 절도節度를 유지하는 것도 오직 이 사람들, 몸을 대수롭지 않게 여기며 지혜에 대한 사랑을 추구하며 사는 사람들에게나 어울리지 않겠나?"

"그것은 필연적이지요." 그가 대답했습니다.

"만일 자네가 다른 사람들의 용기와 절제에 주목해야겠다고 한다면, 그것은 자네에게 이상해 보였기 때문일 걸세." 선생님께서 말씀하셨습니다.

"어째서 그런가요, 선생님?"

"다른 모든 사람들은 죽음을 가장 나쁜 것 가운데 하나라고 믿고 있다는 걸 자네는 알고 있지?" 선생님께서 말씀하셨습니다.

"네, 진실로요." 그가 대답했습니다.

"그런데 사람들 가운데 용감한 사람들이 죽음을 견디고 있을 때, 그들은 더욱 나쁜 것들에 대한 두려움으로 그렇게 하고 있는 게 아니겠는가?"

"그렇습니다."

"그러면 지혜를 사랑하는 사람들을 제외한 모든 사람들은 겁이 나서 그저 무서움 때문에 용감한 것이지. 하지만 어떤 사람이 무서움과 비겁함 때문에 용감하다는 것은 분명히 불합리한 게지."

"그야 그렇죠."

"그러면 그들 가운데 절도 있는 사람들은 어떤가? 이들도 같은 식으로 일종의 무절제로 인해 절제하는 것이겠지? 우리는 불가능하다고 말하지만, 이런 단순한 절제와 관련해서도 이와 똑같은 상황이 벌어지지. 어째서 그런고 하니, 이들은 열망하는 다른 즐거움을 빼앗길까봐 두려워서 그것들을 열망하기 때문이기도 하고, 어떤 즐거움에 지배당

함으로써 또 다른 즐거움을 멀리하게 되기 때문이기도 하다네. 사람들이 즐거움에 지배당하는 것을 무절제라 하더라도, 즐거움에 지배당하는 이런 사람들도 다른 즐거움을 지배하기도 하지. 이것은 방금 말한 것, 즉 어느 정도 무절제로 인해서 절제하게 된 것과 똑같은 거지."

"그런 것 같군요."

"시미아스, 즐거움을 즐거움으로, 괴로움을 괴로움으로, 두려움을 두려움으로, 더 큰 것들을 더 작은 것들로 마치 화폐처럼 교환하는 것은 훌륭함●을 위한 올바른 교환이 아니라네. 훌륭함과 바꿀 만한 올바른 화폐, 즉 모든 것이 교환되어 마땅한 화폐는 오직 지혜뿐이네. 그리고 만일 모든 것이 지혜를 위해 그리고 지혜와 함께 사고 팔린다면, 지혜는 진정으로 용기와 절제 그리고 올바름(정의)을 구성한다네. 요컨대 즐거움과 두려움 그리고 나머지 그러한 것들 모두가 덧붙여지든 아니면 떨어져 나가든 상관없이 지혜가 동반될 때만 참된 훌륭함(덕)이라네. 하지만 그러한 것들이 지혜로부터 분리되어 교환된다면, 아마도 그런 훌륭함은 일종의 음영화陰影畵●와 같은 것이고, 사실상 오직 노예에게나 어울리며 건전하거나 참된 것이라고는 전혀 없다네.

반면에 참된 것은 이런 모든 것으로부터 정화된 형태의 것이네. 절제, 올바름, 용기 그리고 지혜조차도 일종의 정화일 뿐이지. 그리고 우리에게 입교入敎 의식儀式을 확립해 준 사람들도 평범한 사람들이 아닌 것 같지만, 사실은 그들이 오랫동안 수수께끼처럼 이런 말을 해 왔지. 입교하지도 못하거나 입교 의식을 치르지도 못한 채 저승에 이르는 사람은 다 진흙탕에 빠지게 되지만, 정화되어 입교 의식을 완전히 마치고 저승에 도착한 사람은 신들과 함께 살게 된다고 말일세. 사실 입교 의식에 관여하는 사람들이 말하듯, '지팡이를 들고 다니는 자들은 많지만, 진정한 신도들은 적기'● 때문이지. 내 생각으로는 진정한 신도들이란 다름 아닌 바로 제대로 지혜를 사랑한 사람들이라네. 이들 가운

● **훌륭함**aretē 보통은 덕德이라고 해석되지만, 이보다 훨씬 넓은 의미를 지닌 말이다. 그리스어 아레테란 말은 단지 사람에게만 해당되지 않고 모든 사물에 해당되어서, 그 사물이 가장 좋은 상태에 있는 것을 말한다. 예컨대, 칼의 아레테란 그 기능을 충실히 발휘해 칼이 뭔가를 잘 자르는 상태를 말한다.

● **음영화**skiagraphia 'skia'란 '그림자'를 뜻하고 'graphia'는 '쓰기', '그리기'란 뜻이다. 이 기법은 그리스의 화가 아폴로도로스가 처음 도입했다고 하는데, 선영線影(해칭)을 사용하여 그림자와 입체감을 만들어 착각을 일으키는 그림 기법이다. 플라톤은 그림 자체를 비판하는데, 그 이유는 겉모습의 모방에 그치기 때문이다. 결국 음영화란 실제의 모습이 아닌데도 마치 실제의 모습인 것처럼 착각을 일으키므로 주의해야 할 대상이 된다.

● **지팡이를 들고 다닌다는 것**은 입교 의식을 치르고 신자가 되었다는 의미인데, 이 구절은 겉으로만 표시를 내는 사람은 많지만 진실한 믿음을 가진 사람들은 매우 드물다는 의미다.

**지팡이**
디오니소스를 숭배하는 신도들은 숭배의 표지로 지팡이 티르소스를 가지고 다녔는데, 이 지팡이는 긴 나무 꼭대기에 솔방울을 달고 덩굴로 감아 만들었다고 한다. 티르소스를 들고 있는 마에나드(디오니소스의 광신도)와 사티로스(그리스 신화에 나오는 반인반수半人半獸의 괴물)가 등장한 기원전 460년경 도기.

데 한 사람으로서 나 또한 일생 동안 내 힘이 닿는 데까지 모든 방식으로 최선을 다했다네. 하지만 내가 옳게 심혈을 기울였는지, 그리고 뭔가를 이루었는지 그러지 못했는지는 곧 저 세상에 당도하면 확실히 알게 될 걸세. 만일 신께서 기꺼이 그러실 뜻이라면.

그러니 시미아스 그리고 케베스! 이것이 자네들 그리고 여기서 만난 주인들을 떠나면서 내가 괴로워하지두 화를 내지도 않는 것이 어째서 합당한지에 대한 나의 변론일세. 저 세상에서도 난 여기 못지않게 훌륭한 주인들과 친구들을 만나리라고 믿기 때문이지. 만일 나의 이 변론이 아테네의 배심원들에게보다 자네들에게 어느 정도 설득력이 있었다면, 참 잘된 일이란 생각이 드네." 선생님께서 말씀하셨습니다.

제2장

# 불멸에 대한 예비적 논증

### 순환 논증

소크라테스 선생님께서 말씀을 마치시자, 케베스가 받아서 말했습니다,
 "선생님, 다른 말씀은 다 훌륭하게 들립니다만, 영혼에 대한 말씀은 사람들에게 많은 불신의 여지를 남기셨습니다. 일단 몸에서 자유로워지면 영혼은 어디에도 존재하지 못하고 사람이 죽는 바로 그날로 파괴되어 소멸되는 것이 아닌지, 영혼이 몸에서 빠져나오자마자 숨이나 연기처럼 사라져 버려 더는 어디에도 존재하지 않는 게 아닌가 하는 미심쩍음 말입니다. 만일 영혼이 그 자체만으로 어딘가에 함께 모여 있고, 또한 선생님께서 방금 말씀하신 그런 나쁜 것들로부터 떨어져 있다면, 선생님 말씀에 진실이라는 크고도 아름다운 희망이 생길 겁니다. 하지만 사람이 죽어도 영혼은 존재하며 어떤 힘(능력)과 지혜를 지니고 있다는 점을 납득시키기 위해서는 많은 노력과 증명이 필

**〈파트로클로스의 환영을 붙잡는 아킬레우스〉**
호메로스의 《일리아스》에서 아킬레우스는 친구 파트로클로스의 원수인 헥토르를 죽인 뒤 파트로클로스의 환영을 보고 그 환영을 붙잡으려 하지만 환영은 연기처럼 사라진다. 요한 하인리히 퓌슬리의 1803년 작.

요합니다."

"케베스, 자네 말이 옳다네. 하지만 이제 우리가 뭘 해야 한다 말인가? 이 문제에 대해서 우리가 하고 있는 말이 그럴듯한지 아닌지, 더 심도 있는 이야기를 나누길 원하는가?" 소크라테스 선생님께서 말씀하셨습니다.

"제 입장에서야 선생님 의견이 어떠시건 들을 수만 있다면 즐거울

〈영혼을 태우고 가는 카론〉
저승으로 들어가기 위해 거쳐야 하는 스틱스 강에는 죽은 자를 저승으로 태워다 주는 뱃사공 카론이 있다. 피에르 쉬블레라스의 1735~1740년 작.

따름이지요." 케베스가 말했습니다.

"방금 우리 이야기를 들은 사람이라면 누구를 막론하고, 설령 그 사람이 희극 시인이라 해도, 내가 쓸데없는 소리를 늘어놓고 있다거나 상관도 없는 것들에 대해서 담론을 늘어놓고 있다고는 말하지 않을 거라고 생각하네. 그러니 만일 자네들이 좋다면, 이 문제를 충분히 검토해 보겠네.

그러면 이 문제를 이런 식으로 생각해 보세. 죽은 사람들의 영혼이 저승에 있는지 없는지 말이야. 영혼이 이승에서 저승으로 갔다가 이승으로 돌아와 죽은 자에게서 다시 태어난다는 오래된 설說을 기억할 걸세. 만일 산 사람들이 죽은 사람들에게서 다시 태어나는 것이라면, 우리의 영혼이 저승에 있다는 것이 아닐까? 영혼이 어딘가에 있지 않다면 다시 태어날 수 없을 테고, 이것은 영혼이 어딘가에 있다는 충분한 증거가 될 걸세. 산 사람들이 다른 어떤 곳에서가 아니라 오직 죽은 사람들에게서 태어난다는 것이 정말로 명확해진다면 말이야. 만일 그렇지 않다면 또 다른 논증이 필요하겠지."

"물론입니다." 케베스가 말했습니다.

"이제 더 쉽게 이해하고자 한다면, 인간만 살펴볼 것이 아니라 모든 동식물, 요컨대 출생(생성, 생김)을 갖는 모든 것들을 살펴보세. 그 모든 것이 대립되는 것 이외에는 다른 어떤 것에서도 생기지 않는 것인지, 반대되는 것을 가지고 있는 모든 것들이 그런 식으로 대립되는 것에서 생기는 것인지 말일세. 예를 들면, 아름다운 것은 추한 것에 그리고 올바른 것은 올바르지 못한 것에 대립되고, 다른 수많은 것들도 이와 같을 것인지 말이야. 그러니 대립되는 것을 가지고 있는 것들은 무엇이든지 그 자신과 대립되는 것에서 나올 뿐 그외의 다른 것에서 나오지 않는 것이 필연적인지 아닌지 생각해 보기로 하세. 예를 들면, 무엇인가가 더 커졌다면 언제나 이전에 훨씬 작았던 것에서 나중에 더 큰 것으로 되는 것이 필연적이지 않은가?" 선생님께서 물으셨습니다.

"그렇지요."

"그러면 어떤 것이 더 작아지는 경우에는, 이전에 더 컸던 어떤 것에서 나중에 더 작은 것이 되는 게 아닐까?"

"그건 그렇죠."

"그러면 더 나아가, 더 약한 것이 더 강한 것이 되고, 더 빠른 것이 더 느린 것으로 되겠지?"

"물론입니다."

"어떤가? 어떤 더 나쁜 것은 더 좋은 것에서 나온 것이겠고, 그리고 더 올바른 것은 더 올바르지 못한 것에서 나오겠지?"

"당연하지요."

"따라서 대립되는 것은 모두 대립되는 것들로부터 생성된다는 것, 이 문제를 우리는 훌륭하게 해결한 셈인가?"

"물론입니다."

"또 이건 어떤가? 이런 것도 있지 않겠나? 모든 대립되는 쌍들 사이에는 두 가지의 생성 과정이 있지 않을까? 이쪽에서 저쪽으로 그리고 이번에는 거꾸로 저쪽에서 이쪽으로 말이야. 어떤 것이 더 커지거나 더 작아지는 경우에 거기에는 증가와 감소가 있게 되고, 그래서 우리는 한쪽은 커진다고 하고 다른 쪽은 줄어든다고 말하지 않는가?"

"네." 그가 대답했습니다.

"그러니까 분리됨과 결합됨도, 차가워짐과 뜨거워짐도 다른 모든 것과 마찬가지로 서로에게서 생기는 것이 아닐까? 그러니까 우리가 때때로 이름을 붙이지는 못하더라도, 대립되는 것이 사실상 서로에게서 생성되며 대립되는 다른 것으로 생성되는 것이 어디에서든 필연적이지 않은가?"

"물론입니다." 그가 대답했습니다.

"그러면 살아 있음에 대립되는 무엇인가가 있지 않을까? 마치 깨어 있음에 대해 자고 있음처럼 말이야." 선생님께서 물으셨습니다.

"있겠지요." 그가 대답했습니다.

"무엇인가?"

"죽음이지요."

"삶과 죽음이 사실상 대립되는 것들이라면, 서로에게서 생성되지 않겠나? 그리고 그것들이 둘이므로 그 사이에 두 가지 생성이 있지 않겠나?"

"왜 아니겠습니까? 물론입니다."

"그렇다면 이제 나는 방금 말한 결합되어 있는 쌍들 가운데 한 쌍과 그 쌍의 생성 모두를 말해 주겠네. 그러면 자네는 다른 한 쌍에 대해 내게 말해 주게나. 내가 말하려는 것은 자고 있음과 깨어 있음이네. 깨어 있음은 자고 있음에서 그리고 자고 있음은 깨어 있음에서 생기고, 이 둘 사이의 생성은 잠듦과 깨어남이지. 자네가 보기엔 만족스러운가, 그렇지 못한가?" 선생님께서 물으셨습니다.

"만족하고 말고요."

"그러면 이제 자네가 이같은 방식으로 삶과 죽음에 대해서 말해 주게나. 죽어 있음은 살아 있음에 대립되는 것이라고 말하지 않겠나?"

"물론입니다."

"그리고 그것들은 서로에게서 생겨나고?"

"네."

"그렇다면 살아 있는 것에서는 무엇이 생기는가?"

"죽은 것이죠." 그가 대답했습니다.

"그러면 죽은 것에서 생기는 것은?" 선생님께서 물으셨습니다.

"살아 있는 것이라는 데 동의하지 않을 수 없겠군요."

"그렇게 되면 케베스, 살아 있는 것은 사람이나 물건이나 죽은 것에서 생기겠구먼?"

⟨소멸과 불멸⟩
케베스는 살아 있는 것과 죽어 있는 것은 대립되는 것으로 서로에게서 생성된다는 소크라테스의 논리에 자연스레 동의할 수밖에 없다. 윌리엄 마이클 하넷의 1876년 작.

"그렇겠네요." 그가 대답했습니다.

"그러면, 우리의 영혼은 하데스에 있는 것이네."

"그런 것 같군요."

"그런데 이와 관련된 두 가지 생성 가운데 하나는 명확하지 않은가? 죽어 가고 있음은 충분히 명백하니까, 안 그런가?"

"그렇습니다." 그가 대답했습니다.

"그렇다면 우리는 뭘 해야 할까? 대립되는 것에 상응하는 생성을 없애 버려 자연을 절름발이로 만들 텐가? 죽음에 대립되는 어떤 생성이 있다고 제시해야 하지 않을까?" 선생님께서 물으셨습니다.

"당연히 그래야 할 것 같습니다." 그가 대답했습니다.

"그 대립되는 생성은 무엇인가?"

"소생하고 있음이시요."

"그러면, 소생하고 있음이란 것이 정말로 있다면, 그것은 죽은 사람들에게서 산 사람들로의 생성이 아니겠는가?" 선생님께서 물으셨습니다.

"물론이지요."

제2장 109

"그러면 이런 식으로도, 산 사람들로부터 죽은 사람들이 생기는 것과 마찬가지로 죽은 사람들로부터 산 사람들이 생긴다는 것에 동의하게 되었네. 그렇다면 이는 죽은 사람의 영혼은 필연적으로 어딘가에 존재하여 거기에서 다시 나온다는 것에 대한 충분한 증거가 된다고 보이는구먼."

"우리가 동의한 것만으로도 필연적으로 그러한 결론이 나오는 듯합니다, 선생님."

"그러면 이런 식으로 보세나, 케베스! 내가 보기에 우리는 동의하기까지 아무런 부당한 짓도 하지 않았네. 만일 생성되는 것들이, 즉 각각이 상응하는 다른 것으로 마치 원을 그리며 돌 듯 순환하지 않는다면, 대신에 일종의 직선처럼 한쪽 끝에서 곧바로 대립되는 끝으로만 진행하고 되돌아오지 않는다면, 모든 것은 결국 똑같은 모양이 될 것이며 똑같은 상황을 겪게 되고 생성도 멈추지 않겠는가?" 선생님께서 물으셨습니다.

"무슨 뜻이신지요?" 그가 반문했습니다.

"전혀 이해하기 어려운 말이 아니라네. 잠을 예로 들면, 만일 깨어남이 자고 있음에 대응하여 일어나지 않는다면, 모든 것이 엔디미온을 무색하게 만들 거야.● 왜냐하면 다른 모든 것들도 그와 똑같은 상태, 즉 잠을 자고 있기 때문에 그는 좀처럼 눈에 드러나지 않을 테니 말일세. 그리고 모든 것이 결합은 하지만 분리되지 않는다면, 아낙사고라스가 이야기한 '모든 것은 함께'●인 상황이 곧바로 발생할 걸세.

여보게, 케베스! 만일 삶에 관여하는 모든 것이 죽고, 죽은 다음에 그 모양으로 머물러 다시는 소생하지 않는다면, 결국 아무것도 살아 있을 수 없는 것이 너무나 필연적이지 않겠나? 만일 살아 있는 사람들이 죽은 사람들 이외의 다른 어떤 것으로부터 생겨난다해도 그들이 죽게 된다면, 모든 것이 죽음으로 완전히 소진되지 않게 할 무슨 방책이

● 이 구절의 의미는 모든 것이 잠들어 버리고 다시는 깨어나지 않는다면, 잠에 빠진 엔디미온이 별로 특이할 게 없는 인물이 되고 만다는 것이다.

● 아낙사고라스는 '모든 것은 모든 것 안에 들어 있다.' 그래서 만물은 함께 있는 것이란 이론을 주장한다. 세상 만물이 다양하게 나오는 이유는 사실 모든 존재들이 마치 씨앗(스페르마타)처럼 모든 요소들을 머금고 있기 때문이다. 똑같은 물을 마시는데 소는 우유를 만들지만 뱀은 독을 만든다. 물 안에는 우유의 요소도 독의 요소도 다 들어 있는데, 소에게서는 우유의 요소가 강하게 나타난 것이고 뱀에게는 독의 요소가 강하게 나타난 것이다. 그러니 새로운 생성이란 없고 모든 것은 씨앗처럼 사물 안에 모두 쟁여져 있는 것이다.

**〈엔디미온〉**
엔디미온은 달의 여신 셀레네가 사랑한 미남 청년으로 밀레토스의 라트모스 산속 동굴에서 영원한 잠에 빠져 있다. 조지 프레더릭 워츠의 1872년경 작.

있겠는가?"

 "전혀 없겠는데요, 선생님! 제 소견으로는 선생님께서 전적으로 진실을 말씀하시는 것 같아요." 케베스가 말했습니다.

 "케베스, 내가 보기에도 전적으로 그러하다네. 바로 이것들에 대해서 합의를 할 때 속아서 그런 것이 아닐 테니. 다시 살아나는 일은 정말로 있고, 산 사람들은 죽은 사람들에게서 생겨나며, 죽은 사람들의 영혼도 존재한다네." 선생님께서 말씀하셨습니다.

### 상기함에 대한 논증

케베스가 이에 대해 말했습니다.

"선생님! 선생님께서 자주 말씀하신 논의에 따르면, 우리의 배움은 상기想起함 이외의 다른 것이 아닙니다. 만일 그것이 사실이라면, 우리가 지금 상기하고 있는 것은 예전에 알게 된 것임이 필연적이지요. 그러나 만일 우리의 영혼이 여기에 인간의 모습으로 태어나기 전에 어딘가 다른 곳에 있지 않았다면, 그런 주장은 불가능합니다. 따라서 이 역시 영혼이란 죽지 않는 어떤 것이라는 데 증거가 됩니다."

시미아스가 말을 받았습니다.

"하지만 케베스, 그 설은 무엇으로 증명되었지? 내게 상기시켜 주게나. 지금은 잘 기억이 안 나서 그러네."

"아주 훌륭한 주장이 하나 있다네. 사람들이 질문을 받을 때, 만일 질문이 훌륭하다면 모든 것을 있는 그대로 말한다는 거지. 그런데 만일 앎(지식)과 바른 추론 능력이 이 사람들 안에서 일어나지 않는다면, 모든 것을 있는 그대로 말할 수가 없겠지. 그들을 기하학적인 도형이나 그런 종류의 다른 것으로 이끌어 주면, 정말 그렇다는 것(있는 것을 그대로 말하는 것)이 가장 확실하게 드러난다네.●" 케베스가 말했습니다.

이에 대해 소크라테스 선생님께서 말씀하셨습니다.

"시미아스, 이걸로 납득이 안 된다면, 문제를 이런 식으로 고찰해 보고 동의할 수 있을지 생각해 보게. 자네는 소위 배움이라는 것이 상기함이라는 주장을 믿지 못하는 것이지, 안 그런가?"

"믿지 못하는 것이 아니라, 우리가 이야기하고 있는 바로 그 상기라는 것을 경험해 보고자 하는 겁니다. 케베스의 말을 듣고 나서, 거의 기억이 났고 납득도 갑니다. 그렇지만 선생님께서 이 문제에 대해 어떻게 말씀하시려 하는지 지금 듣고 싶습니다." 시미아스가 말했습니다.

● 《메논》에서 소크라테스는 노예 소년에게 정사각형을 가지고 질문을 해서 소년이 스스로 수학적 진리를 발견하게 하였다.

"난 이런 식으로 말해 보려는 참이었네. 무엇인가를 상기하려면, 그 사람이 이전에 어느 시점에 그것을 알고 있어야만 한다는 데 동의할 걸세."

"물론이지요."

"그렇다면 이런 식으로 앎(지식)이 생길 때, 그것은 상기함이라는 데 대해 동의하는가? 어떤 방식을 의미하는 거냐고? 자, 만일 누군가가 뭔가에 대해 시각이나 청각 또는 다른 어떤 감각을 통해 지각을 얻게 된다면, 바로 특정한 그것을 알게 될 뿐만 아니라 다른 뭔가를, 즉 또 다른 앎의 대상인 어떤 것을 생각하게 되므로, 그 사람이 불현듯 생각하게 된 그 대상을 '상기했다'고 말해도 옳지 않겠는가?"

"무슨 말씀이신지요?"

"예를 들면 이런 걸세. 사람을 아는 것과 리라를 아는 것은 아마 다를 거야."

"왜 아니겠습니까."

"사랑하는 사람들이 자기가 사랑하는 소년들이 늘 사용하던 리라나 겉옷, 아니면 다른 어떤 것을 볼 때 이런 식의 경험을 하게 된다는 것을 자네는 알고 있지 않은가? 그 사람들은 리라를 알아보면서 리라를 소유한 소년의 모습을 떠올리겠지? 이것이 상기함이라네. 마치 누군가 시미아스를 보면서 항상 케베스를 상기하듯 말이야. 이런 경우는 수없이 많을 거야."

"정말 많습니다." 시미아스가 대답했습니다.

"그러니 이런 종류의 일들이 일종의 상기함 아니겠는가? 세월이 지나고 관심이 없던 탓에 잊어버린 것들에 관해서 이런 걸 경험할 때는 특히 그렇겠지?" 선생님께서 말씀하셨습니다.

"물론입니다." 그가 대답했습니다.

"이건 어떤가? 말이나 리라 그림을 보고 어떤 사람을 상기할 수도

**리라 연주**
리라는 고대 그리스의 소형 현악기다. 기원전 440~430년경 도기.

**겉옷**
그리스인들은 키톤이라고 하는 내의 위에 히마티온이라는 겉옷을 입었다. 히마티온은 보통 커다란 직사각형 옷감을 왼쪽 어깨에 걸쳐 몸에 두르는 식으로 입었다.

있고 또 시미아스를 그린 그림을 본 사람이 케베스를 상기할 수도 있겠네?" 선생님께서 말씀하셨습니다.

"물론이지요."

"그러면 시미아스 그림을 본 사람이 시미아스 자신을 상기할 수도 있지 않겠나?"

"당연히 그럴 수 있습니다." 그가 대답했습니다.

"그러므로 이 모든 것으로부터, 상기함이란 닮은 것에서 유래하기도 하고● 또한 닮지 않은 것에서 유래하기도 한다●는 것을 이해할 수 있지 않겠나?"

"그렇습니다."

"하지만 닮은 것을 통해서 뭔가를 상기하게 될 때, 닮음이라는 측면에서 바로 그 닮은 것이 자신이 상기한 것에 어느 정도나 못 미치는지 여부를 주의 깊게 생각해 보는 것은 필연적이지 않겠는가?"

"필연적이지요."

"그러면 이것이 진실인지 아닌지 생각해 보세. 우리는 동일한 뭔가가 있다고 말하지. 어떤 나무토막이 다른 나무토막과 같다든가 어떤 돌이 다른 돌과 같다, 또는 이와 같이 어떤 것이 또 다른 어떤 것과 같다고 말하려는 게 아니라 이와는 다른 어떤 것, 이 모든 것을 넘어서는 '같음 자체'●를 말하고 있는 것이네. 우리는 그러한 뭔가가 있다고 주장하는가 아니면 그런 것은 전혀 없다고 주장하는가?" 선생님께서 말씀하셨습니다.

"단연코 있다고 주장하지요. 확신할 수 있을 정도로요." 시미아스가 말했습니다.

"그러면 우리는 같음 자체가 무엇인지도 알고 있나?"

"물론이지요." 그가 대답했습니다.

"우리는 그것에 대한 앎을 어디에서 얻게 되었는가? 방금 말한 것

● 시미아스의 그림을 보고 시미아스를 상기하는 것을 의미한다.

● 시미아스의 그림을 보고 케베스를 상기하는 것을 의미한다.

● 눈에 보이는 감각적인 같음을 넘어선 같음의 이데아를 의미한다. 플라톤은 '같음 자체'와 '같음(같은 것)'을 계속해서 구분하는데, '같음'은 우리가 현실 속에서 직접적(감각적)으로 지각하게 되는 것인데 반해 '같음 자체'란 지성을 통해서만 알 수 있는 같음의 이데아(형상)를 말한다. 예를 들어 플라톤은 우리가 눈으로 보는 실제의 삼각형과 삼각형 자체, 즉 삼각형의 이데아를 구분한다. 플라톤의 이데아론을 이해하는 데 핵심적인 부분이다.

들, 즉 나무토막이나 돌 또는 그 밖의 같은 것들을 보고, 그것들이 비록 같음 자체와는 다를지언정, 같음 자체를 알게 되는 것이 아니겠는가? 아니면, 같음 자체가 같은 것들과 다른 것으로 보이지 않는 건가? 그러면 이런 식으로 생각해 보세. 똑같은 돌이나 나무토막이라 해도 어떤 사람에게는 같아 보이지만, 또 어떤 사람에게는 같지 않은 것으로 보이지 않는가?"

"물론 그렇습니다."

"그런 이건 어떤가? 같은 것들 자체가 때로는 같지 않은 것들로 또는 '같음'이 '같지 않음'으로 보일 수 있을까?"

"절대로 그런 적은 없습니다, 선생님!"

"그렇다면, 이 '같은 것들'과 '같음 자체'는 동일한 것이 아닐세." 선생님께서 말씀하셨습니다.

"같지 않습니다. 제가 보기에는요, 선생님!"

"그럼에도 같음 자체와는 다른 이런 것들로부터 자네는 같음 자체에 대한 앎을 생각하고 그런 앎을 얻게 되었지?"

"더 없이 옳으신 말씀입니다."

"그런데 같음 자체는 같은 것들과 닮을 수도 있고 닮지 않을 수도 있지 않겠나?"

"물론입니다."

"하지만 그건 아무 상관없다네. 자네가 어떤 것을 보고 난 다음에, 즉 본다는 행위를 통해서 다른 어떤 것을 알게 되는 한 닮았든 닮지 않았든, 그것은 필연적으로 상기함이네." 선생님께서 말씀하셨습니다.

"물론이지요."

"나무토막이나 조금 전에 말한 같은 것들의 경우와 관련해서는 어떤가? 우리는 어떤 식으로든 이와 같은 일을 겪는가? 그런 것들이 같은 것 자체와 마찬가지로 우리에게 같아 보이는가? 같음 자체와 똑같은 것이 되기에는 다소 부족한가, 부족하지 않은가?"

"상당히 부족합니다." 그가 대답했습니다.

"누군가가 뭔가를 보면서 자신이 보고 있는 것이 다른 어떤 것과 같은 것이었으면 하고 바라지만, 그와 같은 것이 되기에는 부족할 뿐만 아니라 될 수도 없고, 실상은 자신이 보고 있는 것이 하찮은 것이라고 생각하게 될 때, 이런 생각을 하는 사람은 자신이 보고 있는 것과 닮았으되 부족하다고 말하는 비교 대상을 사전에 이미 알고 있다는 것이 필연적이라는 데 우리는 동의하는가?"

"필연적으로 그렇지요."

"그러면 같은 것들과 같음 자체와 관련해서도 금방 한 설명이 적용되지 않는가?"

"전적으로 그렇습니다."

"그렇다면 우리가 처음에 같은 것들을 보고서, 이것들 모두가 '같음(같음 그 자체)'처럼 되려고 하지만 그에 미치지 못한다는 생각을 하게 되기 이전에 '같음'을 먼저 알고 있었다는 것이 필연적일세."

"그건 그렇군요."

"그리고 우리는 이 점에서 동의하고 있네. 시각이나 촉각, 그 밖의 다른 감각들이 아니고서는 다른 어디에서도 같음 자체에 대해 생각할 수도 없다는 점 말일세. 나는 이 모든 감각을 동일한 것으로 말하고 있는 것이네."

"적어도 이 논의가 보여 주고자 하는 것과 관련해서, 그것들은 동일한 것이지요, 선생님!"

"하지만 감각적 지각의 측면에서 모든 것이 같은 것 자체에 이르고자 하지만, 그보다 훨씬 부족하다고 생각되는 것 역시 감각들 때문이네. 아니면 우리가 어떻게 말할 수 있겠나?"

"그와 같이 말하겠지요."

**플라톤 학파**
플라톤은 소크라테스의 입을 빌려 눈에 보이는 감각적 같음은 아무리 완전해도 '같음 자체'가 될 수 없다고 하며 이데아론을 설명하기 시작한다. 플라톤 학파를 그린 기원전 100년경 모자이크.

**〈오감의 알레고리〉**
감각을 통해 개념을 지각할 수 있지만, 감각으로 지각할 수 있는 것을 알기 위해서는 그 개념 자체에 대한 앎이 선행되어야 하므로, 우리가 태어나기 이전에 그러한 앎을 갖고 있었다는 말이 성립한다. 헤라르트 데 라이레세의 1668년 작.

"그러므로 우리가 보고 듣고 다른 감각들을 사용하기 전에, 짐작컨대, 같음 자체에 대해서 알고 있어야만 한다네. 만일 우리가 감각적 지각을 통해 얻은 같은 것들을 참조해서 그런 모든 것들이 같음처럼 되려고 애를 쓰지만 그보다 열등하다고 생각하려면 말이야."

"저희가 이미 언급한 것에 비추어 보면 그것은 필연적이지요, 선생님!"

"그런데 우리가 보고 듣고 다른 감각 능력을 발휘하게 된 것은 우리가 태어나면서부터가 아닌가?"

"물론이지요."

"그런데 감각 능력에 앞서 우린 같음에 대한 지식을 가지고 있어야만 한다고 말하고 있지?"

"네."

"그렇다면 우리가 태어나기 이전에 그 앎을 갖고 있었다는 것은 필연적인 것 같은데."

"그런 것 같군요."

"만일 우리가 태어나기 전에 그것을 획득했다면 그리고 그것을 가지고 태어났다면, 태어나기 전이나 태어난 직후에도 우리는 '같음', '더 큼', '더 작음', 더 나아가 그와 같은 모든 것들을 이미 알고 있었던 게 아니겠는가? 지금 우리가 논의하는 것은 '같음'이란 문제 못지않게 아름다움 자체와 좋음 자체 그리고 올바름과 경건함에 관련되기 때문일세. 내가 말하고 있듯이 사실 우리의 문답 속에서, '오로지 그 자체로만 존재하는 것(무엇무엇인 것)'이란 표시를 하는 모든 것에 관련되기 때문이지. 따라서 이런 여러 가지 앎을 모두 태어나기 이전에 필연적으로 갖게 되었을 것이네."

"그건 그렇습니다."

"그리고 만일 이런 앎을 획득한 후에 다시 태어날 때마다 잊지 않는다면, 우리가 늘 그것들을 아는 채로 태어나고 일생 동안 알고 있는 것도 필연적이지. 안다는 것은 뭔가에 대한 앎을 가지게 되어서, 그것을 잃어버리지 않고 가지고 있는 것이니 말일세. 시미아스, 앎의 잃어버림이 의미하는 바가 혹시 망각이던가?"

"전적으로 그렇지요, 선생님!"

"그러나 만일 태어나기 전에 가지고 있던 앎을 태어나면서 잃어버렸다가, 나중에 감각적 지각을 이용하여 이전에 가지고 있던 다양한 앎을 다시 얻게 된다면, 우리가 배움이라 일컫는 것은 우리가 가지고 있던 앎을 되찾는 것이 아닐까 하는데? 그리고 그것을 상기하는 것이라 말한다면, 아마도 제대로 말하는 것일 테지?"

"물론이죠."

"확실히 이런 게 가능해 보이네만. 어떤 사람이 시각이나 청각 또는 다른 감각적 지각을 가지고 뭔가를 인식하게 되면, 그 결과로 그것이 닮았든 닮지 않았든 잊고 있던 다른 뭔가를 생각해 내는 것도 가능하다는 것이지. 따라서 내가 말한 것처럼, 우리 모두가 이런 것들을 알고 태어나 일생 동안 알고 있거나, 아니면 우리가 배운다고 말하는 사람들처럼 나중에 상기해 내는 것이거나 둘 중 하나라네. 그래서 배움이란 상기함일 게야."

"정말 그렇습니다, 선생님!"

"시미아스! 그렇다면 자넨 두 가지 중 어느 쪽을 선택할 건가? 우리가 알고 있는 채로 태어난다는 쪽인가, 아니면 태어나기 전에 알고 있던 대상을 나중에 상기한다는 쪽인가?"

"어느 쪽을 선택해야 할지 당장은 모르겠습니다, 선생님."

"자 그러면, 이에 대해서는 어떻게 생각하나? 지식을 가지고 있는 사람은 자기가 가진 지식에 대해 설명할 수 있겠는가, 아니면 그럴 수 없겠는가? 이건 선택할 수 있겠지."

"필연적으로 설명할 수 있어야 할 겁니다, 선생님!" 그가 대답했습니다.

"그리고 자네가 보기에 방금 우리가 말한 것들을 모든 사람들이 설명할 수 있을 것 같은가?"

"그러기를 바랍니다. 하지만 내일 이맘때쯤이면● 이 일을 제대로 할 수 있는 사람이 없지 않을까 염려됩니다." 시미아스가 말했습니다.

"그러면 시미아스, 자네가 보기엔 모든 사람들이 그것들을 아는 것 같지 않다는 말이지?" 선생님께서 물으셨습니다.

"네, 결코 그렇지는 않을 겁니다."

"그렇다면 그들은 이전에 배운 것을 상기하는 것인가?"

"필연적으로요."

"우리의 영혼이 이것들에 대한 앎을 갖게 된 것은 언제였을까? 우리가 인간으로 태어난 이후는 아닐 테니 말일세."

"분명 아니지요."

● 소크라테스가 세상을 떠난 후를 의미한다.

**〈소크라테스의 죽음〉**
시미아스는 소크라테스가 죽고 나면 알고 있는 것을 제대로 설명할 수 있는 사람이 없을지도 모른다고 걱정한다. 자크 필립 조제프의 1767년경 작.

"그러면 그 이전이겠구먼."

"네."

"그러면 시미아스, 영혼은 인간의 모습으로 존재하기도 전에, 몸과 떨어져 있으면서 지혜도 가지고 있었군."

"선생님! 우리가 태어나는 그 순간에 여러 가지 앎을 얻는 게 아니라면 그렇죠. 태어나는 그 순간이 하나의 가능성으로 남아 있지만요."

"자, 여보게. 우리가 방금 동의했듯이 우리가 그것들을 가지고 태어나는 것이 아니라면 우리는 언제 그것들을 잃어버렸지? 우리가 그것들을 얻는 순간에 잃어버리는 건가? 자네라면 다른 어떤 때를 제시할 수 있겠는가?"

"전혀요, 선생님! 저도 모르게 말도 안 되는 소리를 한 것 같군요."

"그러면 이 문제는 이렇게 되는 것인가, 시미아스? 만일 우리가 항상 이야기하는 것들, 즉 아름다운 것과 좋은 것 그리고 이와 같은 모든 존재들이 있다면, 그리고 감각적 지각에서 나오는 모든 것들을 우리보다 먼저 있었고 우리에게 속해 있었음을 알게 된 이러한 존재에다가 비추어 본다면, 그리고 감각적 지각에서 나온 것들을 저 존재와 비교해 본다면, 우리가 태어나기도 전에 필연적으로 그러한 존재들이 있었고 우리의 영혼도 있었을 것이네. 그렇지 않다면 이 논의는 아무런 성과도 없는 게 아니겠는가? 그러므로 그러한 것들이나 우리의 영혼이 우리가 태어나기도 전에 존재한다는 것은, 만일 그러한 것들이 존재하지 않으면 우리의 영혼도 존재하지 않는다는 것과 똑같은 필연성이 있는가?" 선생님께서 말씀하셨습니다.

"놀랍습니다, 선생님! 제가 보기엔 똑같은 필연성이 있는 것 같습니다. 그리고 우리의 논의는 탁월한 결론에 이르는군요. 즉 선생님께서 방금 말씀하신 존재와 마찬가지로 우리가 태어나기도 전에 우리의 영혼은 확실히 존재합니다. 이것만큼이나 제게 확실한 것은 아무것도 없습니다. 그와 같은 모든 것, 아름다움과 좋음 그리고 선생님께서 방금 말씀하신 나머지 모든 것은 충만하고도 완전하게 존재합니다. 어쨌든 제게는 이것으로 문제가 충분히 증명된 것 같습니다." 시미아스가 말했습니다.

"하지만 케베스에게도 그럴까? 케베스도 납득시켜야만 한다네." 소크라테스 선생님께서 말씀하셨습니다.

"제 생각으로는 케베스에게도 충분합니다."라면서 시미아스가 말을 이었습니다. "케베스가 워낙 완강하게 이 논의를 불신하기는 하지만, 영혼이 우리가 태어나기 전부터 존재했다는 점에 대해서는 충분히 납득하리라고 생각합니다. 그렇지만 제가 보기에 우리가 죽은 후에도 영혼이 계속 존재할지는 증명된 것 같지 않습니다. 선생님! 아까 케베스가 말했듯이 많은 사람들이 죽음과 동시에 영혼이 흩어지고, 이것이 영혼의 마지막이라는 두려움에 여전히 직면해 있지요. 영혼이 다른 어떤 근원에서 나와 생겨나고 결합하여 인간의 몸 안으로 들어오기 전에 존재해도, 일단 몸 안으로 들어왔다가 몸에서 떨어져 나오게 되었을 때 영혼 또한 끝이 나고 소멸해 버리는 것은 막을 수 없지 않겠습니까?"

"옳은 지적이야, 시미아스! 필요한 내용이 반만 증명된 셈이기 때문이지. 우리의 영혼이 태어나기도 전에 존재한다는 것은 알게 되었지만, 이 증명이 완결되려면 우리가 태어나기 전에 영혼이 존재한 것과 마찬가지로 죽은 후에도 존재하리란 것이 증명되어야만 하지." 케베스가 말했습니다.

"시미아스 그리고 케베스! 그것은 벌써 증명되었네. 이 논의에다가 우리가 이전에 동의한 내용, 즉 살아 있는 모든 것은 죽은 것에서 생긴다는 주장을 합친다면 말이야. 만일 영혼이 태어나기 전에도 존재했다면, 그리고 삶 속으로 들어와 태어날 때는 죽음과 죽어 있는 상태 이외의 다른 어떤 것에서 나오는 것이 아님이 필연적이라면, 영혼은 다시 태어나야 하므로 사후에도 존재하는 것이 어찌 필연적이지 않겠는가? 그러니 자네들이 이야기한 바로 그 문제는 이제 막 증명된 셈이네. 그렇지만 이 논의를 더욱 철저하게 다루어야 자네나 시미아스가 만족할 것 같구먼. 게다가 자네들은 아이들처럼, 영혼이 몸에서 떨어져 나오면 바람에 날려 사방으로 흩어질까봐 두려워하는 것 같군. 특히 조용한 날이 아니라 바람이 세차게 부는 날 죽는 사람은 더 그렇지 않을까 하고 말일세."

**지옥의 판관 미노스**
그리스 신화에서 크레테의 왕 미노스는 죽은 뒤에 지하세계의 심판관이 되었다고 한다. 그림은 윌리엄 블레이크가 그린 《신곡》 삽화로, 미노스가 지옥에 도착하는 영혼에게 형벌을 내리고 있다.

그러자 케베스가 웃으며 말했습니다.

"저희가 죽음을 두려워하는 사람들이라고 생각하시고 그러지 않을 거라고 납득시켜 주세요. 아니 차라리 저희가 두려워한다고 생각지 마시고, 저희 안에 죽음을 두려워하는 아이라도 있는 것처럼 설득해 주세요. 아이가 죽음을 도깨비처럼 생각하고 두려워하지 않도록 말입니다."

"자네가 매일 아이에게 두려움이 사라질 때까지 주문을 외워 줘야만 하네." 소크라테스 선생님께서 말씀하셨습니다.

"그러면, 선생님! 선생님께서 저희를 떠나실 텐데, 그런 주문을 외워 줄 훌륭한 사람을 어디서 찾아야 할까요?" 그가 물었습니다.

"그리스●는 넓다네. 그 안에는 훌륭한 사람들이 있을 게야. 이방인 종족도 많다네. 주문을 외워 줄 사람을 찾는 것보다 더 좋은 목적으로 재물을 쓸 일은 없으니, 재물이나 수고를 아끼지 말고 사람들을 샅샅이 찾아야 한다네. 자네들 사이에서도 서로 찾아야 하네. 자네들보다 이 일을 더 잘할 사람을 쉽게 찾을 수 없을 테니." 선생님께서 말씀하셨습니다.

●고대 그리스는 오늘날 그리스보다 훨씬 넓은 지역이었다.

"그것은 저희가 할 일입니다. 하지만 괜찮으시다면 하다만 논의를 다시 이어가지요." 케베스가 말했습니다.

"그러지. 그보다 내게 즐거운 일이 있겠나?"

"좋습니다." 그가 말했습니다.

### 공감에 대한 논의

"그러면 우리는 자신에게 이와 같은 것을 자문해 보아야만 하지 않을까? 어떤 것이 쉽게 흩어져서, 그렇게 될까봐 두려워해야 하는 것인가? 그리고 어떤 것이 흩어져 소멸하지 않는 것인가? 그리고 나서 영혼이 이 둘 가운데 어디에 속하는지를 검토해야 하고, 또한 이를 근거로 우리의 영혼에 대해 확신하든 두려워하든 해야 하겠지?" 소크라테스 선생님께서 물으셨습니다.

"옳으신 말씀입니다." 그가 말했습니다.

"조합된 것과 원래 복합적인 것은, 조합된 방식으로 해체되는 것이 적합하지. 그러나 만일 복합적이지 않은 어떤 것이 있다면, 그것만은 해체를 겪지 않는 것이 적절하겠지?"

"그런 것 같습니다." 케베스가 말했습니다.

"그런데 항상 일정하고 변하지 않는 상태로 있는 것이 가장 덜 복합적일 것 같고, 시시때때로 변화하고 절대로 같은 상태로 있지 않은 것들은 복합적이지 않겠는가?"

"그렇게 생각됩니다."

"그러면 앞서 논의하던 그 문제들로 되돌아가세. 우리가 묻고 답하면서 규정하려던 '존재 자체'는 항상 그대로 있는가 아니면 때때로 변화하는가? 같음 자체, 아름다움 자체, 각각인 것 자체, 무엇무엇인 것 자체가 변화를 받아들일 수 있을까? 아니면 이것들은 그 자체로 단일한 모습이어서, 언제나 똑같은 상태로 존재하며, 절대로 어떤 방식으로든 어떠한 변화도 받아들이지 않는가?" 선생님께서 말씀하셨습니다.

"그것은 그대로 있는 것이 필연적이지요, 선생님!" 케베스가 말했습니다.

"그러면 많은 아름다운 것들은 어떤가? 사람이나 말(馬), 겉옷, 혹은 자네가 언급하고 싶어하는 다른 어떤 아름다운 것들, 아니면 각각의 같은 것들, 혹은 형상에 따라 이름 붙여진 모든 것들은 어떤가? 이러한 것들은 똑같은 상태로 있는가, 아니면 형상들과는 정반대로 자기 자신에 관해서나 서로 간에도 절대로 어떤 식으로도 똑같은 상태로 있지 않는가?"

"절대로 똑같은 상태로 있지 못하지요." 케베스가 말했습니다.

"개별적인 것들을 만지고 보고 다른 감각들로 지각할 수 있겠지만, 항상 똑같은 상태에 있는 것들은 사유를 통한 추론에 의해서가 아니고는 절대로 포착할 수 없으니, 이와 같은 것들은 보이지도 않고 볼 수 있는 것도 아니겠지?"

"선생님 말씀이 전적으로 옳으십니다."

"그러면 존재하는 것들을 두 종류로 가정하고자 하는가? 즉 하나는 보이는 것이고 하나는 보이지 않는 것으로 말일세." 선생님께서 말씀하셨습니다.

"그렇게 해 보지요." 그가 대답했습니다.

"보이지 않는 것은 항상 같은 상태로 있고 반면에 보이는 것은 절대로 같은 상태로 있지 않은 것이라 해 볼까?"●

"그 역시 그리 해 보지요."

"자 그러면, 우리 자신을 놓고 볼 때 어떤 부분은 몸이지만 다른 부분은 영혼이겠지?" 선생님께서 말씀하셨습니다.

"분명 그렇지요." 그가 대답했습니다.

"그러면 몸은 어떤 종류와 더 닮고 더 가깝다고 하는가?"

● 플라톤의 이분법적 구분, 즉 가시(可視)적인 것과 가지(可知)적인 것의 구분을 말한다.

〈시각의 알레고리〉
영혼은 볼 수 없는 것, 항상 같은 상태로 있는 것과 가깝다. 얀 브뤼헐의 1618년 작.

"보이는 것과 가깝지요. 이는 누구에게나 명백하지요."

"그러면 영혼은 어떤가? 보이는 것인가, 보이지 않는 것인가?"

"어쨌든 사람들로서는 볼 수 없죠, 선생님!" 그가 대답했습니다.

"하지만 볼 수 있는 것이나 볼 수 없는 것이라는 의미는 인간의 본성과 관련된 것이었네. 아니면 다른 것을 의미한다고 생각하는가?"

"인간의 본성과 관련된 것이죠."

"그러면 영혼에 관해서 우리는 뭐라 말하는가? 볼 수 있는가 아니면 볼 수 없는가?"

"볼 수 없습니다."

"그러니까 보이지 않는다고?"

"네."

"그러면 영혼은 볼 수 없는 것을 더 닮았지만, 몸은 볼 수 있는 것을 더 닮았구먼."

"그것은 전적으로 필연적이지요, 선생님!"

"잠시 전에 말하기를 영혼이 뭔가를 고찰할 때 보거나 듣거나 다른 감각을 통해서 몸을 이용하면, 이는 몸을 통해, 즉 감각을 통해 뭔가를 고찰하는 것이 되네. 그러므로 이때 영혼은 '절대로 똑같은 상태에 있지 못한 것들' 안으로 끌려 들어가고, 그런 것들과 접촉하고 있기 때문에 영혼 자체도 마치 술에 취한 것처럼 방황하고 혼란에 빠져 어지러워진다고 말하지 않았던가?"

"물론입니다."

"하지만 영혼이 그 자체만으로 고찰할 때는 순수하고 항상 존재하며 죽지 않고 똑같은 상태로 있는 그곳으로 향하는 것이 아닐까? 그리고 영혼은 그것과 동류의 것이므로, 지속적으로 그것과 함께 지내게 되지. 즉, 영혼이 자체로만 홀로 있게 되고 또한 그렇게 할 수 있는 경우라면 말이야. 그렇게 되면 영혼은 언제나 똑같은 상태로 있는 것들과 접촉하고 있기 때문에, 방황도 멈추고 그런 것들 주변에서 항상 똑같은 상태로 있게 되지. 영혼의 이러한 상태를 지혜라고 하지. 그렇지 않겠나?"

"전적으로 훌륭하고 옳으신 말씀입니다, 선생님!" 그가 말했습니다.

"그러면 다시, 앞에서 이야기한 것과 방금 이야기한 것들로 미루어, 자넨 영혼이 어느 종류와 더 닮았고 더 가깝다고 생각하는가?"

"선생님! 모든 사람들이 영혼은 항상 똑같은 상태에 있는 것을 대체로 모든 면에서 더 닮았다는 데 동의할 것 같습니다. 가장 더디게 배우는 사람일지라도 말입니다."

"그러면 몸은 어떤가?"

"그것은 변하는 것을 더 닮았습니다."

"그러면 이런 식으로도 한번 보게나. 영혼과 몸이 같이 있을 때, 자연은 몸에게는 복종하고 지배받을 것을 지시하고, 영혼에게는 주인이 되어 지배하도록 정해 준다고 말이야. 여기서 다시, 자넨 둘 가운데 어느 것이 신神적인 것을 닮았고, 어느 것이 사멸하는 것을 닮았다고 생각하는가? 혹시 신적인 것의 본성은 지배하고 이끄는 쪽이고 사멸하는 것의 본성은 지배받고 복종하는 쪽이라고 생각하는 건 아닌가?"

"제게는 그렇게 보이는군요."

"그러면 둘 가운데 어느 것이 영혼과 닮았는가?"

"선생님! 영혼은 신적인 것을 닮았고, 몸은 사멸하는 것을 닮았다는 건 아주 분명합니다."

"케베스, 그러면 이제껏 이야기한 모든 것으로부터 이런 결론이 나오는지 생각해 보세. 영혼은 신적이며 죽지 않고 지성을 통해야 알 수 있고 단일한 모습을 하고 있으며 해체되지도 않고 그 자신에 관련해서 항상 똑같은 상태를 유지하고 있는 것과 가장 닮았고, 반면에 몸은 인간적이고 사멸하며 지성을 통해 알 수 없고 여러 모습을 가지고 있으며 해체되고 자기와 관련해서도 절대로 항상 똑같은 상태를 유지하지 못하는 것을 가장 닮았다고 말이야. 여보게 케베스, 이러한 결론이 잘못되었다고 말할 만한 게 있는가?"

"없습니다."

"자 사정이 그렇다면, 몸은 빨리 해체되기가 쉽고 반면에 영혼은 해체되지 않거나 해체되지 않는 것에 가까운 어떤 것이기가 쉽지 않겠는가?"

"왜 아니겠어요. 물론입니다."

"그렇다면 자네도 알고 있듯이, 사람이 죽으면, 그 사람의 볼 수 있는 부분, 즉 볼 수 있는 세계에 누워 있는 몸은, 우리는 이것을 시체라고 부르는데, 해체되거나 부서져 흩어지기가 쉽다네. 하지만 이런 일들을 곧바로 겪는 것은 아니고 다소 오랫동안 그대로 있지. 몸이 좋은 상태에서 그리고 좋은 시절에 죽으면 아주 오랫동안 그대로 보존된다네. 예를 들어 몸이 오그라들고 이집트에서 미라를 만드는 방식으로 방부 처리가 되면, 거의 온전한

**이집트 미라**
미라로 남은 몸은 가시적인 세계인 이승에서 사멸하지 않지만, 고귀하고 순수하며 보이지 않는 곳으로 가는 영혼의 행보와는 전혀 다르다. ⓒ Joshua Sherurcij

상태로 아주 오랫동안 유지되지. 설사 몸이 썩는다고 하더라도 어떤 부분, 가령 뼈라든가 힘줄 그리고 그와 같은 것들은 소위 사멸하지 않는다네. 그렇지 않은가?" 선생님께서 말씀하셨습니다.

"네."

"그런데 보이지 않는 부분인 영혼은 자신을 닮은 곳, 즉 고귀하고 순수하며 보이지 않는 곳인 진정한 하데스로, 선하고 지혜로운 신 곁으로 갈 것이네. 신이 바란다면 나의 영혼도 가야만 하는 그곳으로 말일세. 그러한 종류이며 그와 같은 본성을 가진 우리의 영혼이 많은 사람들이 말하듯, 몸을 떠난 후에 곧바로 흩날려 소멸해 버릴까? 여보게들, 케베스 그리고 시미아스! 그렇지 않을 게야. 만일 영혼이 몸의 어떤 부분도 끌고 가지 않고 순수하게 몸을 떠나면, 일생 동안 영혼은 자발적으로 몸과 어울리지 않고 영혼들끼리만 모이고 항상 이를 수련해 왔기 때문에 그렇게 소멸해 버리지 않을 거야. 그리고 이런 과정이 제대로 지혜를 사랑하는 것, 즉 기꺼이 죽는 것을 수련하는 것이라네. 따라서 이 모든 것은 죽음을 수련하는 것이 아니겠는가?"

"전적으로 그러하죠."

"그러므로 이런 상태에 있다면 영혼은 자기와 닮은 보이지 않는 것, 즉 신적이고 죽지 않으며 지혜로운 것이 있는 곳으로 떠나지 않겠는가? 그리고 일단 거기에 도착하면 방황과 무지, 두려움과 사나운 욕망, 다른 인간적인 나쁜 것들에서 벗어나게 되어, 마치 비교秘敎 의식을 치른 사람들이 말하는 것처럼, 나머지 시간을 진실로 신들과 함께 보내게 되니 대단히 행복하지 않겠는가? 케베스, 우리는 이렇게 말할 텐가 아니면 달리 말할 텐가?"

"그렇게 말할 겁니다. 단연코." 케베스가 말했습니다.

"그러나 더럽혀지고 순수하지 못한 상태로 몸에서 벗어난 영혼은 늘 몸과 함께하면서 몸을 보살피고 사랑하며 몸과 몸의 욕망들 그리고 쾌락에 미혹당했기 때문에 물질적(신체적)인 것, 즉 만질 수 있고 볼 수도 있으며 마실 수도 있고 먹을 수도 있으며 성적인 쾌락을 위해 이용할 수 있는 것 이외에는 다른 어떤 것도 참되다고 생각하지 않을 것이네. 그런 영혼은 눈에는 보이지 않지만 지성을 통해서만 알 수 있고 철학을 통해서만 포착될 수 있는 것을 미워하고 두려워하여 덜덜 떨며 도망을 치는데, 이런 영혼이 자체로만 해방되어 순수하게 되리라고 생각할 수 있을까?"

"절대로 그럴 수는 없겠지요." 그가 대답했습니다.

"그런 영혼은 늘 몸과 함께하면서 그리고 지속적인 접촉과 상당한 수련을 통해 몸과 교제하고 접촉하여 물질적인 것에 스며드는 것이지."

"물론입니다."

"여보게, 물질적인 것은 심각하고 무거우며 지상의 것이고 볼 수 있는 것이라 생각해야만 하네. 이런 상태 안에 있는 영혼은 그 짐 때문에 시달리고 있고, 보이지 않는 것과 하데스를 두려워하는 까닭에 볼 수 있는 세계로 다시 끌려간다네. 그런 영혼이 기념비나 무덤 주변을 맴돌기 때문에 그 주변에서 사람들이 말하는 영혼의 그림자 같은 환영이 목격된다네. 순수한 상태로 풀려나지 못하고 볼 수 있는 것에 관여하는 영혼이 그런 영상을 생기게 하는 것이지. 그런 이유로 보이기도 한

〈눈 덮인 묘지〉
고귀하고 순수한 하데스의 세계를 두려워하고 육체적인 부분을 버리지 못하는 영혼은 그림자와 같은 형태로 지상에서 떠돌다 무덤 주변에서 목격되기도 한다. 카스파 다비트 프리드리히의 1826년 작.

다네."

"그럴 듯합니다, 선생님!"

"물론 그럴 걸세, 케베스! 그리고 그런 영혼은 훌륭한 사람들의 영혼일 가능성이 전혀 없네. 분명 열등한 사람들의 영혼일 텐데, 이 영혼들은 지난날의 나쁜 생활 방식에 대한 벌을 받느라고 떠돌 수밖에 없게 된 게지. 그리고 그런 영혼들은 그렇게 떠돌다 자신들에게 따라 붙어 다니는 육체적인 욕망 때문에 다시 몸에 얽히게 될 것이네. 그리고 또 전생에 일생 동안 탐닉하던 인격들 속에 얽혀 갇히게 될 것 같기도 하네."

"어떤 인격을 말씀하시는지요, 선생님?"

"예를 들면, 폭식, 난폭함, 과음을 일삼고 절제하지 못하는 자들의 영혼은 나귀나 그런 부류의 짐승 속으로 들어가게 될 것 같네. 자네는 그렇게 생각하지 않는가?"

"분명히 선생님께서 말씀하시는 대로 그럴 것 같습니다."

"반면에 불의不義와 참주정치 그리고 강도짓을 선호하는 자들의 영혼은 이리나 매, 솔개의 부류 속으로 들어갈 듯하네. 아니면 이런 영혼들이 달리 어디로 가리라고 하겠는가?"

"그런 부류의 것 속으로 들어갈 수밖에 없겠죠." 케베스가 말했습니다.

"그러면 나머지 다른 부류들도 유사한 관심(수련)에 따라 각기 알맞은 곳으로 갈 것이 명백하지 않은가?" 선생님께서 말씀하셨습니다.

"왜 아니겠습니까, 명백하고 말고요." 그가 대답했습니다.

"그러면 이 사람들 가운데 가장 좋은 곳으로 가는 가장 행복한 사람들은 철학이나 지성을 거치지 않은 채 습관과 수련을 통해서만 생기는 절제, 그리고 올바름(정의)이라고 일컫는 평민적이고 시민석인 훌륭함(덕, 아레테)에 힘쓴 사람들이 아니겠는가?" 선생님께서 물으셨습니다.

"어째서 그 사람들이 가장 행복한가요?"

"그들은 아마도 꿀벌이나 말벌 또는 개미처럼 시민적이고 유순한 부류로 다시 돌아갈 것 같기 때문이라네. 아니면 같은 인간 종족으로 되돌아가 이들로부터 절도있는 사람들이 생길 것 같아서라네."

"그럴 것 같군요."

"하지만 지혜를 사랑하지도 않고 완전히 순수한 상태로 떠나지도

**7대 죄악**

소크라테스는 이승에서 탐욕을 절제하지 못한 사람은 그 죗값으로 다음 생에 나귀와 같은 짐승의 몸에 들어가게 된다고 말한다. 7대 죄악을 그린 히에로니무스 보스의 1500~1510년경 작. 기독교에서 말하는 7대 죄악은 시기, 탐식, 화, 게으름, 탐욕, 정욕, 자만을 가리킨다.

못하는 자가 신들의 종족에게로 간다는 것은 합당하지 않네. 배움을 사랑하는 자에게만 가능한 일이지. 시미아스, 케베스! 올바르게 지혜를 사랑하는 자들은 모든 육체적인 욕망을 멀리하며 견디어 내어 그것들에 자신을 내맡기지도 않는데, 그 이유는 재물을 사랑하는 많은 사람들처럼 재산을 탕진해 가난해질까봐 두려워해서도 아니요, 그렇다고 권세나 명예를 좋아하는 사람들처럼 타락으로 인하여 불명예와 오명이 생길까봐 두려워해서도 아니라네."

"그것은 적당하지도 않을 테니까요, 선생님!" 케베스가 말했습니다.

"단연코 적당하지 않지. 케베스! 그것이 바로 자신들의 영혼에 관심을 둘 뿐 몸을 보살피며 살지 않는 사람들이, 모든 사람들에게 작별을 고하고 어디로 가는지도 모르고 가는 사람들과 똑같은 여정을 밟지 않는 확실한 이유라네. 이들은 스스로가 철학과 철학이 가져다주는 해방과 정화에 어긋나는 어떠한 행위를 해서도 안 된다고 생각하기 때문에, 철학을 좇아 철학이 인도하는 방향대로 따른다네." 선생님께서 말씀하셨습니다.

"그들은 그 일을 어떻게 하나요, 선생님?"

"내 말해 주지."라고 선생님께서 말씀하셨습니다. "배움을 사랑하는 사람들은 철학이 자신의 영혼을 떠맡기 전에는 영혼이 몸에 완전히 묶이고 들러붙어 있어서, 영혼 그 자체만으로 존재하는 것들을 고찰하지 못하고 마치 감옥 안에서 내다보듯 몸을 통해서 고찰할 수밖에 없어서, 완전한 무지無知 속에서 뒹굴고 있다는 것을 알고 있네. 그리고 철학은 욕망으로 인해서 육체라는 감옥의 교활함이 어떻게 효과를 발휘하는지, 그래서 구속된 사람은 누구보다도 스스로 구금 상태의 협력자가 된다는 것을 알고 있네.

그러므로 내가 말한 것처럼, 배움을 사랑하는 사람들이 알고 있다시피 철학은 이런 상태에 있는 영혼을 떠맡으면서, 눈뿐만 아니라 귀나 그 밖의 다른 감각기관들을 통한 지각도 역시 기만으로 가득하다는 것을 알려 준다네. 그리고 철학은 불가피하게 이용할 수밖에 없는 경우가 아닌 한 영혼이 감각기관들에서 물러나도록 설득한다네. 또 영혼이 스스로 자신 안으로 결집하고, 자신 이외의 다른 어떤 것도 신뢰하지 않도록 그리고 영혼 자체로만 존재하는 것을 사유하도록 권유하지. 동시에 영혼이 자신과 다르고 상황에 따라 달라지는 그런 것을 통해서 고찰하는 것은 뭐든지 참되다고 여기지 말도록 권유한다네.

이런 것은 감각으로 지각할 수 있으며 볼 수 있는 것이지만, 영혼 스스로가 보는 것은 지성을 통해서만 알 수 있는 것(가지可知적인 것)이며 보이지 않는 것임을 철학은 말해 주지. 그래서 진정으로 지혜를 사랑하는 사람의 영혼은 이러한 해방에 거슬러서는 안 된다고 생각하기 때문에, 가능한 쾌락과 욕망 그리고 고통과 두려움으로부터 스스로를 멀리하려 한다네. 이는 어떤 사람이 지나치게 즐거워하거나 두려워할 때 또는 고통스러워하거나 욕망할 때, 이 사람은 그것들로부터 생겨난다고 생각할 수 있는 나쁜 일, 예컨대 병에 걸린다거나 욕망 때문에 지나치게 재화를 낭비하는 그런 일들을 겪는 게 아니라, 모든 나쁜 일 가운데 최악의 일을 겪으면서도 그것이 어떤 것인지를 생각하지 못하게 된다는 것을 헤아리기 때문이지."

"최악이란 무엇을 염두에 두고 계신 건가요, 선생님?" 케베스가 물었습니다.

"쾌락이나 고통이 지나치면 어느 누구의 영혼이든 이러한 감정이

〈이성이 잠들면 괴물이 나타난다〉
영혼 그 자체로 보는 것은 지성을 통해 알 수 있는 것이고, 이는 보이지 않는 것이다. 프란시스코 드 고야의 1796~1799년 작.

가장 생생하고 참된 것이라고 생각할 수밖에 없다네. 사실은 그렇지 않은데도 말이지. 그런데 이것들은 무엇보다도 눈으로 볼 수 있는 것들이네, 그렇지 않은가?"

"물론입니다."

"이런 경험을 하면서 영혼이 몸에 의해 묶이지 않겠는가?"

"어떻게 그리 되나요?"

"모든 쾌락이나 고통은 마치 못이라도 가지고 있듯 몸에다 못질을 해서 영혼을 꼭 눌러 놓고 몸과 비슷하게 만들어서, 몸이 참된 것이라고 주장하는 것은 뭐든지 참이라고 생각하게 만들기 때문이지. 몸과 같은 생각을 하고 같은 것들을 즐거워한 결과, 영혼은 몸과 같은 습성(기질)을 얻게 되고 같은 방식으로 양육될 수밖에 없게 되어, 절대로 순수한 상태로 저승(하데스)으로 갈 수 없네. 그리고 몸에서 빠져나갈 때마다 몸에 감염된 상태로 떠날 수밖에 없고 결국 다시금 마치 씨가 뿌려진 듯 다른 몸속에 곧장 떨어져서 뿌리를 내리게 되지. 이런 결과로 그 영혼은 신적(神的)이고 순수하며 한 가지 모습을 지닌 것과 함께 지내지 못한다네."

"옳으신 말씀입니다, 선생님!" 케베스가 말했습니다.

"케베스, 올바르게 배움을 사랑하는 사람들이 절제할 줄 알고 용감한 것은 이런 연유 때문이라네. 많은 사람들이 말하는 연유 때문이 아니란 말일세. 혹시 자넨 그리 생각하는가?"

"절대로 아닙니다."

"아니고 말고! 우리가 말했듯이, 지혜를 사랑하는 사람(철학자)의 영혼은 추론을 한다네. 그러니까 철학이 영혼을 해방시켜 주어야 한다고 생각하지만, 영혼이 해방되자마자 스스로를 쾌락과 고통에 내맡겨 버리고 다시 몸에 묶이게 되어, 자기가 짠 직물을 풀어 버리는 페넬로페처럼 끝도 없는 일을 할 생각을 하지는 않을 걸세. 오히려 철학자의 영

**페넬로페**

트로이 전쟁에 참가한 남편 오디세우스를 기다리는 동안 오디세우스의 부인 페넬로페는 구혼자들에게 시달리게 되는데, 시아버지의 수의를 짜야 한다는 핑계로 그들의 구애를 물리친다. 그래서 낮에 짠 수의를 밤마다 다시 풀어버리기를 3년 동안이나 계속한다. 핀투리키오의 1509년 작 〈베 짜는 페넬로페와 구혼자들〉.

혼은 추론을 따르고 언제나 추론에 열중하면서, 그런 것에서 평온함을 확보하고, 참된 것과 신적인 것 그리고 의견*의 대상이 아닌 것을 바라보며, 이런 것에 의해 양육된다네. 그리하여 살아 있는 동안 그렇게 살아야 한다고 생각하며, 죽어서도 영혼과 동류의 것 그리고 그와 같은 것에게로 가서, 인간적인 나쁜 것들로부터 해방된다고 생각하지. 시미아스, 케베스, 이와 같은 양육을 통하면 영혼이 몸을 떠나는 순간 흩어지고 바람에 날아가 버려 아주 없어지지나 않을까 두려워할 만한 위험한 일은 전혀 없는 거라네."

● 여기서 의견이란 감각적 지각을 통해 얻어진 의견을 말한다. 진정한 철학은 지성을 통해 에피스테메(인식, 지식)를 파악하는 것이다.

# 플라톤의 목소리를 듣다

### 대화의 철학

《파이돈》은 플라톤이 남긴 대화편이다. 그리스 철학의 모든 유산들은 대부분 대화의 형태로 되어 있어서, 우리가 읽고 감을 잡기가 쉽지만은 않다. 그렇다면, '대화'란 무슨 의미일까? '대화dialogos'라는 말은 'dia(무엇 무엇을 통해서)'라는 접두어에다가 'logos(말)'라는 단어가 합쳐져서 만들어진 것이다. 즉, '말을 통한다'라는 의미이고, 로고스를 좀 더 폭 넓게 해석하면 '이성을 통한다'라는 정도의 의미가 된다. 그러니까 그리스 철학의 첫 번째 특징은 말(이성)을 통해서 이루어진다는 것이다. 동아시아 고대의 철학적 유산은 대표적으로 자왈子曰, 즉 '공자님, 맹자님이 말씀하시기를'과 같은 형태로 전개된다. 즉 스승이신 공자님, 맹자님의 말씀이 주된 내용이 된다. 모든 불교 경전은 '여시아문如是我聞'이란 구절로 시작되는데, '내가 부처에게 들은 내용은 이러이러하다'란 의미다. 이 역시 부처의 말씀을 들어 배운다는 의미를 담고 있다.

사상이라는 내용을 담는 저마다의 그릇(방법론)은 그 철학의 밑바닥에서 소리 없이 그 정신을 규정하게 마련이다. 그렇다면 그리스 철학은 애초부터 철저하게 로고스를 통해서 이루어진 철학이라 해야 마땅할 것이다. 그런데 그리스 철학에서는 다른 문화권의 철학에서처럼 그 로고스가 스승의 입에서 일방적으로 흘러나오기보다는 제자들과의 대화, 즉 논박과 산파술이란 방법을 통해서 마치 거대한 건축물이 그 밑그림부터 웅장한 자태를 드러내기까지 서서히 시간을 머금은 채 완성되듯, 그렇게 전개된 것이다. 이러한 전통에서 플라톤도 예외는 아니다. 이렇게 대화로 이루어진 그리스의 철학은 구술 문화의 전통에서 문자 문화로의 이행, 신화적 사유 방식에서 이성적 사유 방식이 움터 나는 새로운 현상으로도 볼 수 있겠다. 오늘날 우리가 철학책에서 흔히 볼 수 있는 독백체는 아

〈호메로스 상 앞의 아리스토텔레스〉
아리스토텔레스 이전 철학자들의 결과물은 대화를 구술한 형태로 남아 있다. 독백체가 정착된 것은 아리스토텔레스에 이르러서나. 렘브란트의 1653년 작

두로 던져진다. 죽음이란 인간이라면 그 누구도 피해 갈 수 없는 존재론적인 문제인데, 더군다나 소크라테스의 죽음은 당시 아테네 지식인 사회의 최대 스캔들을 일으킨 희대의 사건이었다.

죽음은 일단 육체의 소멸을 의미한다. 여기서 문제가 되는 것은 영혼이다. 사람이 죽으면 육체가 소멸한다는 데는 이견이 없는데 그렇다면 영혼은 어떻게 될 것인가, 이 문제가 자연스럽게 논의의 중심을 차지한다. 여기서 육체와 영혼을 분리하고 영혼만은 소멸하지 않는다는 논증이 중요해지면서 과연 영혼이 어떤 식으로 불멸하는지를 증명하는 대하로 넘어간다.

영혼불멸을 입증하기 위해 플라톤은 논거의 일부로 상기설想起說을 끌어들인다. 플라톤은 《메논》에서 어린 노예 소년이 아무것도 모른 상태에서 훌륭한 질문을 통해서 기하학적인 인식에 도달하는 과정을 구체적으로 보여 주면서 인간의 지식은 이미 알고 있던 것을 다시 상기하는 것에 불과하다고 증명한다. 따라서 인간은 육체를 빌어 태어나기 이전에 이러한 지식을 담고 있는 그 무엇이 필요할 테고, 그것이 바로 영혼이라고 주장한다. 그리고 마침내 육체가 소멸하더라도 영혼은 불멸하고 영원히 남아 있어야 한다는 결론에 이른다.

리스토텔레스에나 가서야 정착된다.

## 죽음 그리고 영혼

《파이돈》은 소크라테스가 생애 마지막 날, 죽음을 눈앞에 두고 있던 단 하루 동안 벌어진 이야기들로 구성된다. 일단 상황 설정이 소크라테스의 죽음에서 시작되다 보니 자연스레 죽음의 문제가 화

**영혼 불멸**
플라톤은 육체는 소멸하지만 영혼은 그렇지 않다는 주장을 펴기 위해 상기설을 끌어들인다. 안 프랑스와 루이 잔못의 1860년경 작 〈영혼의 시 - 영혼의 비상〉.

그래서 망각lēthe을 벗어나(a, 부정의 접두사) 영혼에 원래 각인되어 있던 것을 상기하는 것이 곧 진리a-lēthe-ia다. 그러려면 영혼의 순도純度를 높여야 한다. 그래서 영혼은 정화katharsis를 필요로 한다. 카타르시스란 의학 용어로 설사를 의미한다. 뱃속을 깨끗이 비워야만 다시금 음식물을 소화해 영양을 섭취할 수 있듯이, 영혼도 인식에 방해가 되는 의견을 제거해서 순수하게 만들어야 진리를 습득할 수 있다. 영혼의 정화는 곧 인식 주관을 순수하게 하는 행위다.

## 이데아론의 시초

《파이돈》에서 영혼의 문제는 플라톤 철학의 핵심인 이데아Idea의 문제와도 밀접하게 연관된다. 플라톤의 이데아론(형상形相 이론)이 처음으로 등장하면서 그의 철학적 사유의 기본 형태가 완성된 것은 《파이돈》을 통해서다. 즉 《파이돈》에서 다루어지는 논의의 출발점과 소재는 소크라테스에 집중되어 있지만 《파이돈》에는 플라톤 자신의 이론이 상당히 구체적으로 나타나면서 플라톤 철학을 구축하기 시작한다.

그런데 한 가지 유의해야 할 것은 플라톤의 이데아론은 단번에 만들어진 것이 아니라 《파이돈》에서 시작하여 《국가》, 《파이드로스》, 《소피스테스》, 《정치가》 등의 대화편을 거치면서 서서히 그 모습이 완성되어 간다는 점이다.

| 기지계可知界 the intelligible | | 가시계可視界 the sensible | |
|---|---|---|---|
| ⋮ | | ⋮ | |
| 인식epistēmē | | 속견doxa | |
| ↙ | ↘ | ↙ | ↘ |
| 지성에 의한 앎 noesis | 추론적 사고 dianoia | 믿음, 확신 pistis | 상상, 짐작 eikasia |
| ↓ | ↓ | ↓ | ↓ |
| 이데아 또는 형상들 | 수학적 인식 | 실물들(동식물, 인공물들) | 상(영상, 모상), 그림자 |

플라톤의 사유는 '감각에 의해 지각할 수 있는 것들'과 '지성에 의해서 알 수 있는 것들'을 집요하게 나누는 데서 출발한다. 그런데 여기서 조심해야 할 것은 플라톤이 이렇게 나눌 때 그저 인식의 차원에서만 그러는 것이 아니라는 점이다. 감각의 작용aisthêsis에 대응하는 것들이 따로 존재하고 지성의 작용noêsis에 대응하는 것들이 따로 존재한다고 플라톤은 생각한다. 이데아란 감각을 통해서는 알 수 없고 지성에 의해서라야 알 수 있는 존재들이다. 예를 들자면, 공깃돌의 색깔이나 촉감, 크기 등은 감각을 통해서 포착되는 대상이지만, 5라는 수는 우리의 지성에 의해 포착되는 대상이다. 플라톤 이데아론의 가장 중요한 특징은 이데아, 즉 '무엇 무엇인 것 자체'가 정말로 존재한다고 생각한 점이다. 아름다움의 이데아, 정의의 이데아, 궁극적으로는 선善의 이데아가 존재한다고 주장하는데 이 점은 상당한 논란을 야기하는 부분이기도 하다.

그러나 우리는 감각의 세계에 살아가기 때문에 이 형상들의 세계를 보지 못한다. 플라톤은 상식과는 정반대로 우리가 살아가고 있는 현실세계야말로 꿈과도 같은 세계이며 진짜 세계는 형상들의 세계라고 말한다. 플라톤은 이 생각을 흥미로운 이야기로 전개하는데 바로 유명한 '동굴의 우화' 《국가》다. 플라톤은 동굴 안의 세계와 동굴 밖의 세계를 대조시키면서 현상의 세계와 실재의 세계를 구분한다. 이러한 이분법을 통해 플라톤은 인간의 일상적인 삶은 동굴 안 현상 세계의 삶이며, 속견俗見doxa의 세계에서 살아가는 사람들은 동굴 안에 갇혀 있는 수인囚人들이다. 여기서 속견이란 원래 그리스어로 '무엇 무엇인 것처럼 보이거나 믿어지는 것', 즉 진리·옳은 것·아름다운 것으로 보이나 실제로는 그렇지 않은 것을 의미한다. 플

**동굴의 우화**
윌리엄 블레이크의 1793년 작 《알비온의 딸들의 환상》의 속표지. 블레이크는 이 책에서 플라톤의 '동굴의 우화'를 주제로 삼았다.

떻게 형상들을 인식하며, 경험적 사물들은 어떻게 형상들로부터 일정하게 규정을 받게 되는가? 경험세계의 개체들이 규정성을 가질 수 있는 이유는 이들이 진정한 존재인 형상과 어떤 식으로든 관계를 맺기 때문이다. 이러한 관계를 플라톤은 참여, 모방, 분유分有라는 개념을 통해 설명한다. 형상들이 경험세계의 개체들에 참여하거나, 개체들이 형상들을 모방하거나, 개체들이 형상들을 나누어 가짐으로써 비로소 일정하게 규정성을 갖는 존재가 된다. 현실적인 존재들이 형상들을 모방하고 있다는 주장이야말로 이데아론의 핵심적인 개념이다. 현실은 이데아를 모방하고 있으며, 모방해야 한다는 것이다. 이런 맥락에서 플라톤의 사유를 단지 현실을 벗어난 초월적인 사유라고 본다면, 이는 단견이다. 오히려 형상적인 것들을 통해서 현실에 적극적으로 영향을 주려고 한 사유라고 볼 수 있으며, 이런 플라톤 사유의 특징이야말로 시대를 초월하는 영향력을 입증해 준다.

라톤에 따르면 감각적인 경험에 기초하여 확립된 상식의 세계란 인식론적으로나 존재론적으로 가치론적으로도 그림자의 세계에 불과하다.

### 현실은 이데아를 모방한다

그렇다면 경험세계에 거주하고 있는 인간들은 어

### 《향연》과 《파이돈》, 삶과 죽음

《파이돈》은 초기 삼부작과 짝을 이루어 읽히고 있지만, 어찌 보면 죽음을 다룬 《파이돈》의 진정한 짝은 삶의 문제를 다룬 《향연》이다. 삶과 죽음이야말로 인간의 모습을 온전히 드러내는 동전의 양면이기 때문이다. 《파이돈》에서 물꼬를 튼 형상이론은 《향연》에서 더욱 본격적으로 꽃을 피운다. 그러니 《파이돈》이란 대화록은 여러 가지 측면에

〈플라톤의 향연〉
《파이돈》과 《향연》은 각기 죽음과 삶을 고찰한다는 면에서 짝을 이룬다고 할 수 있다. 안셀름 포이어바흐의 1873년 작.

서 플라톤 철학을 이해하는 중심 고리의 역할을 하고 있는 셈이다. 하지만 그 내용이 다분히 종교적이고 명확한 형태로 전개되지 않은 부분이 많아서 조심스레 읽어야 하는 부담이 따른다. 그래서 예부터 《파이돈》의 내용을 두고 수많은 논란과 반론이 제기되었고, 특히 아리스토텔레스는 《파이돈》에 나타나는 원형적인 이데아 이론을 비판하기도 했다. 한편 《파이돈》은 특히 중세의 철학자들이 아껴 읽었으며, 카이사르에 맞서 스스로 죽음을 선택했던 소소 카토는 지상에서의 마지막 밤 《파이돈》을 읽었다고도 전해진다.

제3장

# 시미아스와 케베스의 반론 그리고 시미아스의 대답

### 시미아스의 반론

소크라테스 선생님께서 이런 말씀을 하시고 나자 한동안 침묵이 흘렀습니다. 우리 대부분이 그랬습니다만 선생님 당신께서도 이미 나눈 논의에 골몰하신 모습이었습니다. 하지만 케베스와 시미아스는 작은 목소리로 계속 이야기를 했습니다. 소크라테스 선생님께서 이 두 사람을 보고는 물으셨습니다.

"뭔가? 이미 나눈 논의에 뭔가 부족한 점이 있는 게로군, 그렇지? 분명히 많은 면에서 이 논의는 의구심과 허점을 드러내고 있다네. 논의를 철저히 검토해 보려고 한다면 말이야. 만일 자네들이 뭔가 다른 것을 생각하고 있다면 내 할 말은 없지만, 만일 이것들과 관련해서 뭔가 당혹스러운 점이 있다면 망설이지 말고 문제를 내놓고 설명해 보게나. 이야기를 꺼내는 것이 더 낫다고 생각한다면 말일세. 자네들이 어려움에서 벗어나는 데 내가 도움이 될 수 있다고 생각한다면, 주저하지 말고 나를 끌어들이게나."

그러자 시미아스가 말했습니다.

"그러면 선생님! 제가 솔직하게 말씀드리지요. 한동안 저희는 각자 당혹스러워 서로 부추기며 선생님께 여쭈어 보라고 했는데, 저희 각자가 선생님의 답변을 듣고자 열망했기 때문입니다. 하지만 번거로운 일이 될까 망설였고, 선생님께 닥친 불운으로 불쾌해 하시지나 않을까 걱정이 되어 주저하였습니다."

선생님께서 이 말을 들으시고 조용히 웃으며 말씀하셨습니다.

"저런, 시미아스! 내가 지금 내 운명을 불운으로 생각지 않는다고 다른 사람들을 설득하기는 힘들 것 같구먼. 자네들 두 사람도 이해시킬 수 없는 마당이니 말이야. 자네들은 내가 지금 어느 때보다도 심기가 불편하지 않을까 걱정하고 있네. 그리고 내가 백조보다도 보잘것없는 예언 능력을 가지고 있다고 생각하는 듯하네 그려. 평소에도 노래를 하지만 백조들은 죽음이 다가오는 것을 감지하면 그때 가장 많이 가장 아름답게 노래를 하는데, 자기들이 종노릇을 하던 아폴론 신에게로 떠나가는 게 기뻐서이지. 하지만 사람들은 자신들이 죽음을 두려워한 나머지 백조들도 죽음을 비탄해 하며 고통스러워 마지막 노래를 하는 거라고 거짓으로 말을 하네. 그런 사람들은 배가 고프거나 추위에 떨거나 다른 고통으로 슬플 때 노래하는 새는 없다는 것을 생각하지 못하지. 사람들이 주장하기에 고통 때문에 비탄의 노래를 부르기로 유명한 나이팅게일이나 제비 그리고 후투티조차도 그러지는 않는데도 말일세.

내 보기에 이 새들이나 백조들이 괴로워서 노래를 부르는 것 같지는 않네. 이 새들은 아폴론의 소유이므로 예언을 하며, 하데스에서의 좋은 일들을 미리 알고 있기 때문에 노래를 하고 이전 어느 때보다도 죽는 날 더 한층 즐거워하는 거라고 난 생각하네. 나 자신도 백조들과 마찬가지로 신의 종이며 신께 바쳐졌고 백조 못지않은 예언의 능력을 주인으로부터 전수받았으며, 따라서 그 새들 못지않게 기쁜 마음으로 삶에서 해방되는 것이라네. 그러니 그런 염려 말고 아테네의 11인 위원회가 허용하는 한 무엇이든지 원하는 대로 말하고 물어보게."

"훌륭한 말씀이십니다." 하고 시미아스가 말을 이었습니다. "그러면 제가 당혹스러워 하는 문제를 선생님께 말씀드리겠습니다. 그리고 여기 이 사람 케베스도 자기 차례에 선생님 말씀이 어째서 납득이 가지 않는지를 말씀드릴 겁니다.

선생님! 아마 선생님께서도 동감하시겠지만, 이러한 문제들을 살아가는 동안에 확실하게 안다는 것은 불가능하거나 아주 어려운 일이라 여겨집니다. 하지만 그렇다고 이 문제들에 대해서 언급된 것을 모든 방식으로 검토해 보지 않고, 모든 방면에서 고찰해 보기도 전에 포기하는 것은 아주 나약한 사람임을 보여 주는 것이지요. 사람들은 이 문제에 대해서 다음 둘 가운데 하나를 이뤄야만 하지요. 상황이 어떤지를 배우거나 알아내든지, 이것이 불가능하다면 인간의 주장 가운데 가장 훌륭하고 가장 논박하기 힘든 것을 택해서, 그것을 뗏목처럼 의지하며 자신을 그 위에 싣고 위험의 한가운데서 삶의 바다를 헤쳐 나가든지요. 물론 후자의 경우는 신적인 주장(이치)이라는 더욱 견고한 배 위에서 더 안전하게 항해할 수 없다면 말입니다.

선생님께서 그렇게 하라고 하셨으니, 지금 저로서는 질문 드리는 것이 부끄럽지만은 않군요. 이렇게 하면 지금 제게 보이는 상황을 말하지 못했다고 해서 나중에 저 자신을 탓하는 일도 없을 겁니다. 선생님, 이 문제에 대해 저 혼자서 고찰해 보아도, 아니면 이 사람 케베스와 함께 생각해 보아도 선생님 말씀이 그다지 충분하지 않은 것 같습니다."

**리라 연주**
시미아스는 리라와 음악 조율의 관계를 몸과 영혼의 관계에 비유하며 소크라테스에게 영혼이 소멸하지 않는다는 사실을 어떻게 논증해야 할지 알려 달라고 요구한다. 리라를 연주하는 사람이 그려진 그리스 도기.

그러자 소크라테스 선생님께서 말씀하셨습니다.

"여보게, 자네 말이 옳을지도 모르지. 그런데 어떤 점에서 내 이야기가 충분하지 못한지 말해 주게나."

"제가 보기엔 이런 점입니다. 누군가는 리라와 그 현들의 조율(조화)에 관해서도 같은 주장을 할 수 있을 것입니다. 즉 조율이란 보이지 않고 비물질적이고 더할 나위 없이 아름다운 것이며 조율된 리라에게는 신적神的인 것이지만, 리라 자체와 현은 물체이며 물질적인 성질을 가진 것이고 복합적인 것들이고 지상의 것들이며 죽게 마련인 것과 동류라는 것이지요.

그런데 누군가가 리라를 부수거나 현을 끊고는, 선생님께서 하신 주장과 똑같이 조율은 여전히 있으며 사라지지 않는다고 주장할 수도 있습니다. 사멸할 수밖에 없는 성질을 가진 리라와 현들이 여전히 존

**기본 원소**
여기서 소크라테스가 말하는 뜨거움·차가움·건조함·습함은 각기 불·공기·흙·물의 성질을 가리킨다. 이렇게 우리 몸이 불·공기·흙·물의 네 가지 요소로 구성되어 있다고 주장한 사람은 고대 그리스 철학자 엠페도클레스로, 위의 중세 그림은 그와 같은 개념을 나타냈다.

재해야 하고, 반면에 신적이며 사멸하지 않는 것과 관련되고 그와 동류인 조율이 사라져 버리는 일, 그것도 사멸할 수밖에 없는 것보다 먼저 사라져 버리는 일은 있을 수 없으니까요. 그는 조율 자체는 여전히 어딘가에 존재하고, 조율이 무슨 일을 겪기 전에 나무와 현이 먼저 썩는 것이 필연적이라고 말할 겁니다.

선생님! 선생님 입장에서도, 우리가 영혼을 이와 같은 어떤 것으로 받아들이고 있다고 생각하신 것으로 저는 짐작합니다. 우리의 몸이 긴장하고 있으면서 뜨거움과 차가움, 건조함과 습함 그리고 그와 같은 것들로 결합되어 있듯, 우리의 영혼은 이와 같은 것들이 적당한 비율로 훌륭하게 혼합되고 조화된 것이지요. 그러므로 만일 영혼이 일종의 조화라면, 우리의 몸이 질병이나 다른 나쁜 것들 때문에 부적절하게 흐트러지거나 긴장될 때 영혼이 아무리 신적인 것이라 해도 곧 소멸하는 것이 필연적입니다. 음악의 곡조나 장인들의 작품에 있는 조화와 마찬가지로 말씀입니다. 그러나 몸의 잔해는 태워 버리거나 썩기 전에는 오랫동안 남아 있지요. 그러니 누군가가 영혼이란 몸의 구성 요소들의 혼합이므로 죽음의 순간에 가장 먼저 소멸한다고 주장한다면, 어떻게 대답해야 할지 알려 주십시오." 그가 말했습니다.

### 케베스의 반론

그러자 소크라테스 선생님께서는 늘 하시던 대로 눈을 크게 뜨고 바라보시더니 미소를 지으며 말씀하셨습니다.

"시미아스의 말이 분명 옳다네. 만일 자네들 가운데 누군가가 나보다 더 훌륭하게 답을 내놓을 수 있다면, 대답을 해 주는 게 어떤가? 왜냐하면 시미아스가 이 주장을 범상치 않게 붙들고 늘어지는 사람인 것 같기 때문일세. 그렇지만 대답을 듣기 전에, 우리는 먼저 케베스에게 이 주장에 대해서 무엇이 불만인지를 들어 봐야 한다고 생각하네. 그

동안 우리는 무엇을 말할지도 의논할 수 있을 테고, 그러고 나서 일단 두 사람의 말을 들어 보고, 옳은 말을 하면 동의할 것이요, 만일 그렇지 않으면 이 주장을 위해 변론을 해야만 하네. 자, 케베스! 자네를 괴롭히는 게 무엇인가?" 선생님께서 말씀하셨습니다.

케베스가 말했습니다.

"말씀드리지요. 제가 보기엔 이 논의가 제자리걸음을 치는 것 같으며, 앞서 말한 것과 똑같은 불만이 남아 있는 것 같습니다. 저는 우리의 영혼이 이 형태 속으로 들어오기 전에 이미 존재했다는 데 대해서, 깔끔하게 그리고, 이런 말이 주제넘지 않다면, 매우 적절하게 증명되었다는 점에는 제 동의를 철회하지 않습니다. 하지만 우리가 죽은 후에도 영혼이 어디엔가 존재한다는 것은 충분히 증명되지 않은 것 같습니다. 그렇다고 영혼이 몸보다 강하지도 오래가지도 못한다는 시미아스의 반론에 동의하는 것은 아닙니다. 제가 보기엔 영혼이 모든 면에서 월등하기 때문이지요. 이 논의가 말해 주듯, '사람이 죽은 후에도 더 약한 부분이 여전히 있는 걸 보면서도 왜 아직도 믿지 못하는가? 더 오래 지속되는 부분이 그 시간 동안에 여전히 보존되는 게 필연적이라고 생각되지 않는가?' 이 문제에 대한 저의 답변 속에 뭔가 고려해 볼 만한 것이 있는지 봐 주십시오.

저도 시미아스처럼 비유가 필요할 것 같군요. 영혼에 대한 이야기는 마치 누군가가 늙어서 죽은 직물 짜는 사람에 대해서 하는 주장과

**직물 짜기**

케베스는 영혼과 몸의 관계를 직물 짜는 사람과 옷의 관계에 비유한다.

비슷해 보이니까요. 그 사람은 노인이 사멸하지 않았고 어딘가에 무사히 존재하고 있다고 하는데, 그에 대해 그 노인이 손수 짜서 입고 다니던 겉옷이 온전하게 있으며 소멸하지 않았다는 사실을 증거로 제시했지요. 그리고 만일 누군가가 자신을 믿지 않으면, 그는 사람이라는 부류와 사용하고 입고 다니는 옷이라는 부류 가운데 어떤 부류가 더 오래가는지를 물었답니다. 그래서 사람의 부류가 훨씬 더 오래간다고 대답하면, 그는 덜 오래 지속되는 것(옷의 부류)조차 소멸하지 않았으므로, 사람이 가장 확실하게 무사히 존재함을 증명한 것으로 생각했답니다.

하지만 시미아스, 내 생각엔 그게 그렇지가 않다네. 내가 말하는 것을 자네도 생각해 보게.

이런 식의 말이 그저 순진할 뿐이라는 것은 누구라도 알고 있습니다. 직물 짜는 사람이 그런 겉옷을 많이 짜서 닳게 하면 그 많은 겉옷보다는 나중에 사멸하지만, 마지막 겉옷보다는 일찍 사멸할 겁니다. 그렇다고 해서 절대로 사람이 겉옷보다 하찮고 약한 것은 아닙니다. 이와 똑같은 비유가 영혼과 몸의 관계에도 적용될 수 있다고 생각합니다. 즉 영혼은 오래가지만 몸은 더 약하고 더 일찍 죽는다고 말할 수 있는 것이지요. 우리의 영혼 하나하나가 여러 몸을 닳게 한다고도 말할 수 있습니다. 특히 장수長壽하는 경우에 그럴 수 있겠지요. 사람이 살아 있는 동안 몸은 쇠퇴하면서 소멸하더라도 영혼은 닳게 된 몸을 항상 다시 짤 테니까요. 그렇더라도 영혼이 사라질 때 그 영혼은 마지막으로 짠 직물(영혼이 갖게 될 마지막 몸)에 깃들다가 몸보다 먼저 사라질 수밖에 없을 것이고, 영혼이 소멸할 때 몸은 마침내 허약한 본성을 드러내어 곧 부패해 사라지겠죠. 그러니 이 주장을 받아들여 영혼이 사후에도 어딘가에 존재한다는 것을 확신할 수는 없습니다. 만일 누군가가 주장하는 것 이상으로 영혼은 우리가 태어나기 전에도 있었을 뿐만 아니라 본성이 강한 영혼이 태어나고 죽기를 계속 반복한다는 것을 인

〈로라 강변에서 영혼을 불러내는 오시안〉
케베스는 영혼의 불멸이 증명되지 않는 이상 죽음을 두려워할 수밖에 없다고 말한다. 프랑스와 파스칼 시몽 제라르의 1810년 작.

정하더라도, 영혼이 이와 같이 거듭 태어나면서 자신을 소진시키지 않고 언젠가 완전히 소멸하지도 않는다는 것은 받아들이기가 어려운 것이 아닌가 생각됩니다. 영혼에 파멸을 가져다 줄 이러한 죽음과 몸의 분리를 감지하는 것은 어느 누구에게도 불가능한 일일 겁니다. 따라서 아무도 이를 알 수 없을지인대 죽음을 두려워하지 않는 사람은 어리석은 사람입니다. 영혼이 전적으로 죽지 않으며 사멸하지 않는다는 것이 증명된다면 말이 다르겠지만요. 그렇지 않다면, 죽음을 눈앞에 둔 사람이 이번에 영혼이 몸에서 풀려나면 완전히 소멸되지 않을까 항상 두려워하는 것은 필연적입니다."

### 막간

나중에 주고받은 말이지만, 그들의 말을 듣고서 우리는 불편했지요. 앞선 논의로 상당히 설득되어 있었는데 그들로 인해 다시 동요하게 되었고, 그래서 지금까지의 논의뿐만 아니라 나중에 할 이야기도 불신하게 될 것 같았기 때문입니다. 결국 우리는 우리가 무능력한 심판자들이거나 아니면 이 문제들 자체가 의심스러운 것이 아닌지 염려하기 시작했지요.

에케크라테스 파이돈, 나도 여러분에게 공감합니다. 지금 당신의 이야기를 듣고 보니 저 역시 그와 같은 것을 자문할 생각이 떠올랐으니까요. '이제부터 우리는 어떤 주장을 믿어야 할까? 소크라테스 선생님의 주장은 정말 믿을 만한 것이었는데, 이제 믿을 수가 없게 되었으니.' 영혼이란 일종의 조율(조화)이라고 하는 이 주장은 늘 그렇듯이 지금까지 놀랍도록 제 마음을 사로잡아 왔습니다. 미처 생각하지 못했지만 당신 말씀을 들어 보니 이전에 제 자신도 그런 의견을 가지고 있던 듯합니다. 사람이 죽을 때 영혼이 같이 죽지 않는다는 걸 다시 처음부터 납득시켜 줄 다른 논의가 다시 한번 절실히 필요합니다. 그러니 부디 소크라테스 선생님께서 논의를 어떤 방향으로 진행시키셨는지 제게 말씀해 주십시오. 여러분께서 말씀하셨듯이, 선생님께서도 눈에 띄게 번거로워 하셨는지요? 아니면 조용히 이 논의에 도움을 주셨나요? 선생님의 도움은 충분했나요, 아니면 부족했나요? 가능한 자세하게 말씀해 주십시오.

파이돈 에케크라테스, 제가 선생님께 놀란 적은 여러 번이지만, 그때처럼 감탄해 본 적은 한 번도 없었습니다. 선생님께서 하실 말씀이 있었다는 것은 당연한 일일 겁니다. 제가 선생님께 진정으로 놀란 것은, 첫째, 젊은이들의 그 논의를 선생님께서 정말 즐겁게, 친절하게, 존중

하는 태도로 받아들이신 점입니다. 그 다음으로는, 그 논의가 우리에게 미칠 영향을 날카롭게 감지하신 점이고, 마지막으로 마치 패해서 도망가는 자들을 불러 모아 논의에 동참해서 함께 고찰하도록 독려하시듯이 훌륭하게 우리를 치유해 주신 점입니다.

에케크라테스  어찌 그리하셨는지요?

파이돈  말씀해 드리지요. 저는 침상 옆 오른편에 있는 낮은 의자에 앉아 있었고, 선생님께서는 저보다도 훨씬 높은 자리에 계셨습니다. 선생님께서는 제 머리를 쓰다듬으시다 목 뒤의 머리카락을 움켜쥐고 말씀하셨습니다. 머리카락을 가지고 저를 곧잘 놀리셨거든요.

"파이돈, 내일이면 아마도 이 아름다운 머리카락을 자르겠구나."●

"그렇겠죠, 선생님." 하고 제가 말했습니다.

"자네가 내 말을 따른다면, 그러지 않을 게야." 선생님께서 말씀하셨습니다.

"그러면 제가 뭘 해야 하나요?" 제가 여쭈었습니다.

"만일 우리의 주장이 파국을 맞는다면, 그리고 다시 되살릴 수 없다면 바로 오늘 자네나 나나 둘 다 머리카락을 자르게 될 거야. 만일 내가 자네이고 그 주장이 내게서 달아나 버린다면, 난 아르고스 사람들처럼 맹세를 하겠네.● 시미아스와 케베스의 주장에 맞서 다시 싸워 이기기 전에는 머리를 기르지 않겠다고." 선생님께서 말씀하셨습니다.

"하지만 헤라클레스도 둘은 감당하지 못한다고들 하던데요." 제가 말했습니다.

"햇빛이 비추는 동안●에는 나를 이올라오스로 여기고 도움을 청하게나●." 선생님께서 말씀하셨습니다.

"그러시다면, 헤라클레스로서가 아니라 이올라오스로서 헤라클레스에게 도움을 청합니다." 제가 말했습니다.

● 그리스 사람들은 애도의 표시로 머리카락을 잘랐다고 한다.

● 헤로도토스에 따르면, 아르고스 사람들은 스파르타에 빼앗긴 영토를 되찾을 때까지 머리를 다시 기르지 않겠다고 맹세했다.

● 해가 저물 때까지는 소크라테스의 사형이 집행되지 않으므로 하는 말이다.

● 헤라클레스가 히드라를 물리칠 때 큰 게로 변한 헤라가 히드라를 도와 헤라클레스를 공격했다. 이때 헤라클레스의 조카 이올라오스가 자르면 자를수록 자꾸 늘어나는 히드라의 머리를 불로 지져 마침내 헤라클레스는 히드라를 처치할 수 있었다.

〈히드라를 죽이는 헤라클레스〉
한스 제발트 베함(1500~1550) 작.

"마찬가지네. 하지만 먼저 한 가지는 조심하세." 선생님께서 말씀하셨습니다.

"어떤 것인가요?" 제가 여쭈었습니다.

"사람을 싫어하는 사람처럼 논의를 싫어하는 사람들이 되지 않아야 한다네. 논의를 싫어하는 것보다 더 나쁜 일이란 없기 때문이지. 논의 혐오와 인간 혐오는 같은 식으로 생긴다네. 인간 혐오란 누군가를 지나치게 믿는 데서 생기지. 즉 잘 알지도 못하는 상태에서 어떤 사람이 전적으로 진실되고 건전하며 믿을 만하다고 생각하였다가 얼마 후 그 사람이 나쁘고 믿을 수 없다는 것을 알게 될 때 말이네. 이런 일을 여러 차례 겪으면, 그것도 가장 가깝고 가장 친하다고 여기던 사람들에게 이런 일을 겪게 되면 특히 그럴 것이며, 마침내 번번이 충돌을 겪다가 모든 사람을 미워하게 되며 건전한 사람은 아무도 없다고 믿게 된다네. 자네는 혹시 이런 일을 본 적이 없는가?" 선생님께서 말씀하셨습니다.

"물론 있지요." 제가 대답했습니다.

"이는 부끄러운 일이 아닌가? 그리고 그런 사람은 인간사에 대한 기예技藝˚도 제대로 모르면서 인간 관계를 맺으려 했다는 게 분명하지 않은가? 만일 그것들을 제대로 알고 사귀었다면, 실제로 그러하듯 정말로 선한 사람도 아주 악한 사람도 모두 소수이고 대부분이 그 중간이라고 생각했겠지." 선생님께서 말씀하셨습니다.

"무슨 말씀이신지요?" 제가 여쭈었습니다.

"아주 작은 것들과 아주 큰 것들처럼 말이네. 사람이건 개이건 또는 다른 무엇이든, 아주 큰 것이나 아주 작은 것은 극히 드문 것 아닌가. 빠르거나 느린 것, 또는 정말로 추하거나 아름다운 것, 희거나 검은 것도 마찬가지 아닌가? 이런 모든 양쪽 끝에 있는 극단적인 것들은 드물고 소수인데 반해, 중간 것들은 흔하고 많다는 것을 지각하지 못했는가?" 선생님께서 말씀하셨습니다.

"당연한 사실이지요." 제가 대답했습니다.

"그러니 만일 못된 짓으로 경쟁을 벌인다면, 우승자는 아주 소수일 거라고 생각하지 않는가?"

"그럴듯합니다."

"사실이 그렇다네. 이런 점에서 논의와 사람은 닮은 점이 없지. 방금 난 그저 자네가 이끄는 대로 따르고 있었을 뿐일세.

허나 닮은 점도 있다네. 어떤 사람이 논의에 대한 전문적인 지식도 없이 어떤 논의가 참이라고 믿었는데 잠시 후에 그 논의가 거짓이라 여겨지게 될 때 그렇다네. 어떤 때는 거짓이지만 어떤 때는 거짓이 아닌데도 말이야. 그리고 이런 일이 하나의 논의에서 또 다른 논의로 계속해서 되풀이하여 발생하는 경우에 그렇다네.

자네도 알다시피, 반박 논의로 시간을 보내는 사람들은 마침내 자신들이 가장 지혜로운 사람이 되었다고 생각한다네. 그리하여 사물이든 논의든 확고하고 믿을 만한 것은 없으며, 존재하는 것들은 모두 에

● **기예** 그리스어 테크네(techinē)는 기예, 기술, 솜씨, 기법, 전문적 지식 등을 의미한다.

제3장 155

**에우리포스**
에우리포스는 그리스 주섬과 에우보이아 섬 사이에 있는 좁은 해협으로, 하루에도 최소 일곱 번이나 물의 흐름을 바꾼다. 그래서 속담으로 우유부단한 사람을 에우리포스라 부르기도 한다.

우리포스에서처럼 이리저리 동요하며 잠시도 머무는 일이 없다는 것을 자신들만이 간파하게 되었다고 생각한다네." 선생님께서 말씀하셨습니다.

"전적으로 옳으신 말씀입니다." 제가 말했습니다.

"그러니, 파이돈! 실제로 참되고 확실하며 간파될 수도 있는 논의가 없지 않은데도, 때로는 참으로 보이고 때로는 그렇게 보이지 않는 논의들을 접하게 된 탓에, 자기 자신이나 자신의 서투름을 탓하지 않고 마침내 괴로워서 그 탓을 자기 자신에게서 논의로 기꺼이 돌리고, 그 순간부터 남은 생을 마칠 때까지 논의를 싫어하게 되고 존재하는 것들에 대한 진리와 앎을 잃게 된다면 이는 딱한 일이 아니겠는가?"

"네, 단연코 딱한 일이지요."

"그러니 먼저 이런 상황을 조심하세. 그리고 논의 안에 완전한 것이라고는 없다는 생각이 우리 영혼 안에 허락되지 않게 하세. 오히려 우리 자신이 아직 완전하지 못하지만 완전해지기 위해서 단호하게 노력해야만 한다는 생각을 받아들이세. 자네와 다른 사람들은 남은 생을 위하여, 그리고 나는 바로 눈앞에 둔 이 죽음을 위해서 말이야. 지금 이 문제에 관해서만큼은 나는 지혜를 사랑하는 입장이 아니라 아주 교양 없는 사람들처럼 승리만을 좋아하는 입장이라네. 이런 사람들은 뭔가를 논의할 때, 그 문제의 진리에 대해서는 아무런 관심도 없고 같이 있는 사람들이 자신의 주장을 받아들이게 하는 데만 열중하기 때문이지. 이 경우에 나와 그들 사이의 차이라면 이 정도뿐일 걸세. 즉 난 내가 말한 것이 부차적인 것이 아닌 한, 그것이 함께 있는 사람들에게 참되다고 여겨지도록 힘쓰기보다 가능한 내 자신에게 그렇게 보이도록 힘쓸 것이네. 여보게, 난 이런 걸 계산(추론)하고 있다네. 그러니 내가 얼마나 이기적인지 보게. 만일 내가 말하는 것들이 참이라면, 내 말을 듣기를 잘한 게지. 하지만 만일 죽은 뒤에 아무것도 남는 게 없다 해도 죽음에 앞선 이 시간 동안 내가 슬퍼함으로써 같이 있는 사람들을 덜 불쾌하게 할 수 있을 것이며, 나의 모자라는 생각은 나쁜 것일 테니 조금 뒤에는 사라질 게야." 선생님께서 이어 말씀하셨습니다.

"시미아스 그리고 케베스, 그러니까 난 충분히 준비를 하고 그 논의를 향해 진격한 것이네. 만일 내 충고를 받아들인다면, 소크라테스는 생각하지 말고 진리를 훨씬 더 많이 생각하게나. 만일 내가 뭔가 참된 것을 말한다고 생각되면 동의해 주고, 그렇지 못하다면 자네들이 할 수 있는 모든 논의를 동원해서 저항하게. 내가 열성 때문에 나 자신과 자네들을 속이지 않도록, 그래서 마치 꿀벌이 침을 쏘아 놓고 가 버리듯 내가 가 버리지 않도록 조심하면서 말일세.

### 시미아스에 대한 대답

자 이제, 계속 나아가세. 먼저 자네들이 말한 것을 내가 기억하지 못하는 것이 확실해 보이면 내게 상기시켜 주게나. 내가 생각하기로는 시미아스는 의심을 하고 있네. 그는 영혼이 몸보다 훨씬 신적이고 훌륭하지만, 조율(조화)의 상태에 있다면 먼저 소멸하지 않을까 염려하고 있지.

그리고 케베스는 영혼이 몸보다 훨씬 더 오래 지속된다는 데는 동의했네. 하지만 모든 사람들에게 명확하지 않은 논의가 있다고 주장하기를, 영혼이 많은 몸을 닳게 했어도 마지막 몸을 남겨 두고 먼저 소멸되는 것이 아닌지라고, 그리고 바로 이것이 죽음, 즉 영혼의 파멸이 아닌지라고 했지. 몸은 절대로 소멸을 멈추지 않으니까. 시미아스 그리고 케베스, 이런 점 말고도 우리가 고찰해 봐야 할 것이 있는가?"

두 사람 모두 바로 그 문제들이라고 동의했습니다.

"그러면 자네들은 이전의 논의를 전부 받아들이지 않는가, 아니면 어떤 것은 받아들이고 또 어떤 것은 받아들이지 않는가?"

"일부는 받아들이고 일부는 받아들이지 않습니다." 두 사람이 대답했습니다.

"그렇다면 배움이란 상기함이라고 우리가 주장한 이전의 논의에 대해서는, 그리고 배움이 상기함이라면 우리의 영혼은 몸 속에 갇히기 전에 어디엔가 존재하고 있었음이 필연적이라는 데 대해서는 뭐라 말하겠는가?" 선생님께서 물으셨습니다.

"저는 그때 놀랄 만큼 그 주장에 설득되었습니다. 지금까지도 그 주장보다 믿음이 가는 주장은 없습니다." 케베스가 말했습니다.

"제 자신도 그렇습니다. 그리고 만일 이 문제에 대해 다른 생각이라도 들었다면 몹시 놀랐을 겁니다." 시미아스가 말했습니다.

그러자 소크라테스 선생님께서 말씀하셨습니다.

"테베인 친구여! 하지만 자네가 다른 생각을 하는 것은 필연적일 걸세. 조율(조화)은 복합적인 것이고 영혼은 긴장된 상태에 있는 육체적인 요소들로 이루어진 일종의 조율(조화)이라는 생각이 떠나지 않는 한 말일세. 구성되어야만 하는 요소들이 있기 전에 조화가 존재한다는 것을 받아들이리라고 짐작하지 않네만, 자네라면 받아들이겠는가?"

〈죽음의 섬〉
시미아스의 말대로 영혼이 조화라면 영혼의 불멸은 성립할 수 없다. 아놀드 뵈클린의 1880년 작.

"절대로 받아들이지 않습니다, 선생님!" 그가 말했습니다.

"하지만 영혼이 인간의 형태와 몸으로 들어오기 전에 존재하였으며, 그렇게 아직 존재하지도 않은 요소들로 구성된다고 주장한다면, 결국 자네는 구성요소보다 조화가 먼저 존재한다고 말을 하게 되는 것임을 알고 있는가? 사실 조율(조화)이란 자네가 비유하는 그런 것은 아니라네. 리라와 현 그리고 선율은 조율되지 않은 상태로, 조율(조화)이 생기기도 전에 먼저 존재하지. 그리고 조율은 모든 것(리라, 현, 선율 등) 가운데 맨 마지막에 나타나서는 맨 먼저 소멸하지. 그러니 영혼을 조화로 보는 자네의 이 주장이 배움이 상기라는 주장과 어떻게 일치하겠는가?" 선생님께서 말씀하셨습니다.

"절대로 일치할 수 없지요." 시미아스가 말했습니다.

"만일 있어야 한다면, 조율(조화)에 대한 논의와 일치하는 수상이어야 마땅하겠지." 선생님께서 말씀하셨습니다.

"당연히 그래야 합니다." 시미아스가 말했습니다.

"허나 자네의 이 주장은 일치하지 않네. 이 두 주장 가운데 어느 것을 선택할지 생각해 보게나. 배움은 상기함이라는 주장인가, 아니면 영혼은 조율(조화)이라는 주장인가?" 선생님께서 물으셨습니다.

"앞의 것을 훨씬 더 선호합니다, 선생님! 뒤의 주장은 증명도 없이 있을 법도 하고 그럴듯도 하게 제게 다가왔고, 이 때문에 다른 사람들에게도 그럴듯하게 보이는 듯합니다. 그럴듯한 것들로 논증하려는 논의는 사기라는 걸 알고 있습니다. 그리고 만일 누군가가 이런 논의를 막지 못하면, 기하학이나 그 밖의 모든 분야에서도 우리는 속기 쉽다는 것을 알고 있습니다. 하지만 상기함과 배움에 관한 논의는 받아들일 만한 전제를 통해 성립되었지요. 왜냐하면 '무엇 무엇인 것'이라는 이름을 가진 존재$^{ousia}$ 자체가 있듯이, 우리의 영혼이 몸속으로 들어오기 전에도 있다고 주장되기 때문입니다. 충분하고도 정당한 근거가 있기 때문에 제가 이 논의를 받아들인 만큼 제 자신이나 어느 누구든 영혼이 조화라는 주장을 받아들여서는 안 된다는 것이 필연적입니다."

그가 말했습니다.

"영혼이 조화라는 문제를 이런 식으로 보면 어떨까, 시미아스? 조화나 그밖의 복합적인 것들은 다른 어떤 것에 영향을 미칠 수도 없고 구성요소들로부터 달리 영향을 받을 수도 없는 것 같은데?" 선생님께서 물으셨습니다.

"절대로 아닙니다."

"내 생각으로는, 결단코 구성요소들이 작용하거나 겪게 되는 것과는 다른 방식으로 작용하거나 겪을 것 같지는 않은 것 같은데?"

그가 그럴 수 없음을 인정했습니다.

"그러면 조화란 그것을 이루는 요소를 이끄는 게 아니라 그것들을 따르는 게 합당하구먼."

그가 이 주장을 받아들였습니다.

"따라서 조화가 조화에 반대되는 운동을 하거나 반대되는 소리를 내거나, 아니면 조화의 부분들과 반대되는 다른 어떤 일을 하는 경우란 전혀 없겠는데."

"물론 있을 수 없겠죠." 그가 대답했습니다.

"그렇다면 조율의 특성은 하나같이 조율의 방식이 좌우하는 것이 아닌가?"

"이해가 안 됩니다." 그가 말했습니다.

"만일 조율이 더욱 그리고 더 폭넓게 된다면, 이런 것이 가능하다면, 조화도 역시 더욱 그리고 더 폭넓게 이루어지겠지만, 만일 덜 그리고 더 폭 좁게 조율이 되면, 조화 역시 덜 그리고 더 폭 좁게 이루어지지 않겠는가?" 선생님께서 말씀하셨습니다.

"물론입니다."

"그러면 이것은 영혼과 같은 경우인가? 미미한 정도의 차이라 할지라도, 하나의 영혼이 다른 영혼보다 더 폭넓고 한결 더하거나 아니면 더 폭 좁고 한결 덜할 수 있을까?"

"결코 그렇지 않습니다." 그가 대답했습니다.

"그런데 어떤 영혼은 지성과 훌륭함(덕)을 가지고 있고 좋다고 하고, 어떤 영혼은 어리석음과 사악함을 가지고 있고 나쁘다고 하지? 이렇게 말하는 것이 옳은가?"

"진정 옳습니다."

"그러면 영혼은 조화라고 주장하는 사람들은 영혼 안에 있는 훌륭함과 나쁨을 뭐라고 말할까? 이번에는 그것들을 또 다른 종류의 조화, 조화의 결핍이라고 말할까? 좋은 영혼은 조화를 이루고 있고 자신 안에 또 다른 조화를 가지고 있지만, 조화되지 못한 영혼은 그저 그 자체일 뿐 자신 안에 다른 어떤 조화도 가지고 있지 못한 건가?"

"전 말씀드릴 수가 없군요. 하지만 영혼이 조화라고 하는 사람이라면 그와 같이 말할 것이 분명합니다." 시미아스가 말했습니다.

"그러나 한 영혼이 다른 영혼보다 더하거나 덜하지 않다는 점은 이미 합의를 보았네. 어떤 조화가 다른 조화보다 더하거나 더 폭이 넓지도 않으며, 덜하거나 더 폭이 좁지도 않다는 것은 합의된 사항이네. 그렇지 않은가?" 선생님께서 말씀하셨습니다.

"물론입니다."

"조화의 정도가 더하지도 덜하지도 않으니, 조율이 더 되지도 덜 되지도 않는 것이네. 그러한가?"

"그렇지요."

"더 많거나 더 적게 조율되지 않은 것이 어쨌든 더 많이 혹은 더 적게 조율에 관여하겠는가, 아니면 같은 수준으로 관여하겠는가?"

"같은 정도겠지요."

"그러면 영혼에 관해서는 어떤 영혼이 다른 영혼보다 더한 것도 덜한 것도 아니므로, 조율이 더 되지도 덜 되지도 않겠네?"

"그렇습니다."

"그러면 영혼은 조율 정도에 차이가 없으므로, 부조화에도 혹은 조화에도 더 많이 관여하지는 않겠지?"

"그러지 않을 겁니다."

"게다가 영혼이 조화나 부조화에 더 많이 관여하는 것이 아니니, 어떤 영혼이 다른 영혼보다 나쁨이나 훌륭함에 조금이라도 더 많이 관여할 수는 없지 않을까? 정녕 만일 나쁨은 부조화이고 훌륭함은 조화라면 말이야."

"그럴 수는 없습니다."

"아니 오히려 시미아스, 영혼이 정녕 조화라는 주장에 따라 추론하자면, 그 어떤 영혼도 나쁨에는 관여하지 않으리라 짐작되네. 조화가 전적으로 조화인 이상 부조화에는 절대로 관여하지 않을 것이 분명하기 때문이야."

"물론 그럴 수 없습니다."

"영혼도 전적으로 영혼이기 때문에 틀림없이 나쁨에는 관여할 수 없다네."

"앞서 이야기한 것들로 미루어 보면 어찌 그럴 수 있겠습니까?"

"그래서 우리의 이 주장에 의하면, 모든 생명체의 영혼이 정녕 진정한 영혼이라면 똑같이 훌륭하다는 결론에 이르네."

"제가 보기에도 그렇습니다, 선생님!"

"이렇게 말하는 것이 옳다고 생각하는가? 만일 영혼은 조화라는 전제가 옳다면, 이 논의가 여기에 이르게 되리라고 생각하는가?" 선생님께서 물으셨습니다.

"절대로 그렇게 되지 않습니다." 그가 대답했습니다.

"그러면 이건 어떤가? 인간 안에 있는 모든 것 가운데 영혼 이외에, 특히 지혜로운 영혼 말고, 인간을 다스리는 뭔가가 있다고 말할 만한 것이 있는가?"

"없다고 생각합니다."

"그러면 영혼은 몸의 감정 상태에 따르는가 아니면 거스르는가? 예를 들면, 몸에서 열이 나고 목이 마른데 영혼이 반대 방향으로 끌어 당겨 물을 마시지 않고, 몸이 배고픈데 영혼이 반대하여 먹지 않는 경우가 있는가? 이 밖에도 영혼이 몸과 관련된 것에 반대로 가는 경우를 수도 없이 보게 될 거야, 안 그런가?"

"물론 봅니다."

"그런데 영혼이 조율(조화)이라면, 영혼을 이루고 있는 요소들이 신장되거나 느슨해지거나 뜯기거나(연주되거나) 또는 다른 어떤 상태를

〈지옥〉(부분)
시미아스의 말대로 영혼이 조화라면 모든 영혼은 영혼인 이상 훌륭하다는 결론에 이른다. 도메니코 베카푸미의 1526~1530년 작.

**폴리페모스의 눈을 멀게 하다**
소크라테스가 인용하는 구절은 《오디세이아》 20권에서 거지로 분장하여 집에 돌아온 오디세우스가 시녀들의 비아냥거림을 듣고 분통을 억누르며 하는 말이다. 여기서 '이보다 더 나쁜 일'이란 외눈박이 거인 키클로페스족의 일원인 폴리페모스에게 부하들을 잃은 일을 가리킨다. 사진은 기원전 6세기 도기로, 불에 달군 막대기로 술에 취해 잠든 폴리페모스의 눈을 찌르는 오디세우스 일행이 그려져 있다.

겪거나 해도 영혼은 구성요소에 반대되는 소리를 내지 않고 그것들을 따라갈 뿐 이끌어 가지는 않는다는 점에 우리는 동의하지 않았는가?" 선생님께서 말씀하셨습니다.

"아무렴요, 동의했지요." 그가 대답했습니다.

"그런데 지금 영혼이 정반대 되는 작용을 해서 영혼을 구성하고 있는 모든 것들을 이끌어 가며, 평생 거의 모든 것에 반대하며, 모든 방식으로 주인 노릇하는 것으로 보이지 않는가? 체육과 의학에서 하듯이 어떤 경우에는 신체에 거칠게 그리고 고통을 통해 벌을 주며, 또 어떤 경우에는 훨씬 부드럽게 위협을 하거나 훈계도 하고, 욕망과 충동 그리고 두려움과 대화를 나누는데 영혼 자신은 마치 이것들과는 전혀 별개의 것처럼 말일세. 호메로스가 《오디세이아》에서 이런 시를 지은 것처럼. 거기에서 오디세우스는 말한다네.

그는 제 가슴을 치면서 이런 말로 심장을 책망했다.
심장이여, 제발 견디어다오. 이전에 이보다 더 나쁜 일도 견디어 냈거늘.

호메로스가 이 시가를 지었을 때 영혼이 조화이고 몸의 감정 상태에 이끌리는 것이라고 생각했다고 여기는 건가? 아니면 영혼이 그것들을 이끌 수 있는 어떤 것이고, 그것들에게 주인 노릇을 하는 것이며, 조화와 비교해도 훨씬 더 신적인 어떤 것이라고 생각했다고 여기는 건가?"

"그렇다고(후자라고) 말할 수밖에 없습니다, 선생님!"

"여보게, 그러니 영혼을 일종의 조화라고 하는 것은 어느 모로 보나 옳지 않네. 그건 신과도 같은 시인 호메로스에게도 그리고 우리 자신과도 동의하지 않는 것과 같기 때문일세."

"그건 그렇지요." 그가 말했습니다.

"자 그러면, 테베의 여신 하르모니아는 적절하게 진정시킨 것 같은데. 하지만 케베스! 카드모스의 문제는 어떻게 그리고 어떤 주장으로 진정시키겠는가?" 선생님께서 말씀하셨습니다.

"제가 보기엔 선생님께서 방법을 찾아내실 듯합니다. 어쨌든 조율(조화)에 대응하는 선생님의 논의는 놀라우리만큼 예상을 뛰어넘는 것이었습니다. 시미아스가 자신의 난감함을 토로했을 때, 저는 그의 주장을 다루어 줄 사람이 있을지 무척이나 걱정했습니다. 그런데 그 주장이 선생님의 첫 번째 공격에도 버티지 못하는 것을 보고 저는 아주 놀랐습니다. 그러니 카드모스의 논의가 똑같은 일을 겪는다 해도 전 의아해하지 않을 겁니다." 케베스가 말했습니다.

"여보게, 장담하지 말게나. 악의적인 힘이 이제 우리가 전개하려는 논의를 패하게 하는 일이 없도록 말일세. 하지만 이 문제들은 신께서 관여할 일이니, 우리는 호메로스의 영웅들처럼 가까이 다가가서 자네가 하는 말에 진실이 있는지 살펴보세.

자네가 추구하고 있는 것들의 결론은 이것이지. 자네는 우리의 영혼이 소멸하지도 않고 죽지도 않는다는 것을 보여 주고자 하네. 즉 지혜를 사랑하는 사람이 죽음에 임박해 있다가 일단 죽어서는, 다른 삶

**하르모니아**
하르모니아는 아프로디테의 딸이자 전설상으로 테베를 세운 카드모스의 부인이었다. 이블린 드 모건의 1877년 작 〈카드모스와 하르모니아〉.

● 시미아스와 케베스가 테베 출신인데, 시미아스가 영혼이 harmonia, 즉 조율(조화)이라는 주장을 폈기 때문에 소크라테스가 동음인 하르모니아를 빗대어 말한 것이다. 카드모스의 문제 역시 케베스가 제기한 문제를 농담조로 말한 것이다.

을 살다가 생을 마감하는 경우보다는 저승에서 잘 살 거라 확실하게 믿지 못한다면 그 확신은 지각 없고 어리석은 게 아닌가. 그리고 영혼이 강하고 신을 닮은 것이고 우리가 인간이 되기도 전에 있었다는 점을 분명히 한다고 해서, 영혼이 불멸하는 것이 아니라고 했지. 자네 말은 영혼이 다만 오래 지속되며 엄청나게 긴 시간 동안 어딘가에 있었고, 많은 것을 알고 행했다는 것 정도만을 지적할 수 있다는 것이지. 그렇더라도 영혼은 역시 마찬가지로 불멸하는 것이 아니고, 인간의 몸 안으로 들어가는 것 자체가 일종의 질병처럼 파멸의 시작이라는 게지. 그리고 영혼은 비참하게 제 자신을 지치게 하며 이 삶을 살다가 마침내 이른바 죽음을 맞아 파멸한다는 게지. 영혼이 우리 몸에 한 번을 들어오든 아니면 여러 번을 들어오든, 우리 각자가 두려워한다는 점에서는 아무런 차이가 없다는 게지. 지각이 있는 사람이라면, 영혼이 불멸한다는 것을 확실히 알거나 논거를 댈 수 없는 한 죽음을 두려워하는 것이 마땅하다는 게지. 케베스, 자네는 이런 것들을 이야기하고 있다고 난 짐작하네. 난 아무것도 우리에게서 빠져나가지 못하도록 일부러 여러 차례 재검토를 하고 있는데, 덧붙이거나 뺄 게 있다면 그렇게 하게." 소크라테스 선생님께서 말씀하셨습니다.

그러자 케베스가 말했습니다.

"지금으로선 더하거나 빼거나 할 게 없군요. 이것이 제가 말씀드리고자 하는 겁니다."

# 제4장

# 케베스에 대한 답변: 최후 '증명'

**불충분한 인과관계의 기계적인 설명**

그러자 소크라테스 선생님께서는 한동안 이야기를 멈추시고 뭔가 혼자 생각하시더니 말씀하셨습니다.

"케베스, 자네가 추구하는 문제는 사소한 일이 아니야. 생성과 소멸 전반에 관련된 원인을 철저하게 다뤄야만 하기 때문이지. 그래서 자네가 원한다면, 이 문제에 관련된 나 자신의 경험을 말해 주겠네. 그러고 나서 내 말 중에서 자네가 말하고자 하는 문제를 납득시키는 데 도움이 될 만한 것이 있으면 이용할 수도 있겠지."

"제가 원하는 바입니다." 케베스가 말했습니다.

"그러면 들어 보게나. 케베스, 젊었을 때 나는 사람들이 자연에 대한 탐구*라고 말하는 그 지혜를 몹시 열망했다네. 모든 것의 원인을 안다는 것, 각각의 것들이 무엇 때문에 생겨나며, 무엇 때문에 소멸하고

● 소크라테스 이전의 자연 철학자들이 탐구했던 것을 말한다.

**생물 발생의 원인**
생물 발생의 원인을 열과 냉기의 부패라고 한 철학자는 아낙사고라스다. 이 외에 피가 사람의 생각을 가능하게 한다고 주장한 사람은 엠페도클레스, 공기 근원설을 주장한 사람은 아낙시메네스, 불 근원설을 주장한 사람은 헤라클레이토스다. 헨드릭 테르 브뤼허의 1628년 작 〈헤라클레이토스〉.

무엇 때문에 있는지를 안다는 것이 엄청난 지혜로 보였기 때문일세.

처음엔 이런 문제들을 고민하면서 우왕좌왕할 때도 많았지. 어떤 사람들이 말했듯이 열과 냉기가 부패하면 생물체들이 성장하는가? 그리고 피가 우리를 생각하게 해 주는가? 아니면 공기인가 불인가? 아니면 이것들 가운데 어느 것도 아니고, 듣고 보고 냄새 맡는 감각을 제공하는 뇌, 뇌로부터 기억과 의견이 생겨나고, 이런 식으로 기억과 의견이 확고해지면 앎이 생겨나는가?

그리고 나는 다시 이것들의 스러짐에 대해서, 그리고 하늘과 땅의 현상들에 대해서 고찰해 보았네. 그리고 마침내 나는 내가 이런 종류의 탐구에 관해서만큼은 전혀 재능이 없다는 결론에 이르렀네. 이에 대한 증거를 충분히 말해 주지. 적어도 내 생각에는 그리고 다른 사람들의 생각에도 내가 이전에 확실하게 알고 있던 것들을 탐구하다가 너무도 강렬하게 눈이 멀어 버려서, 이전에 알고 있다고 생각하던 많은 것들조차도, 특히나 사람은 왜 성장하는지조차도 잊어버렸기 때문일세. 난 이전에 사람은 먹고 마심으로써 성장한다는 것이 모든 사람들에게 분명하다고 생각했지. 음식을 통해서 살에 살이 붙게 되고 뼈에 뼈가 붙게 되며, 이와 똑같은 이치로 고유한 것들이 각각의 다른 부분에 붙게 되면, 바로 그때 작은 크기가 나중에 커지며, 이런 식으로 작은 사람도 커지는 것이니까. 그 당시 난 이런 식으로 생각한 것이네. 타당하다고 생각하지 않는가?" 소크라테스 선생님께서 말씀하셨습니다.

"제가 보기엔 타당합니다." 케베스가 말했습니다.

"그러면 더 나아가 이런 것도 생각해 보세. 작은 사람 옆에 서 있는 큰 사람은 바로 그 머리 때문에(머리만큼) 더 커 보이고, 어떤 말(馬)이 다른 말보다 이런 식으로 커 보일 때, 난 이런 내 견해가 충분하다고 생각했어. 이보다 더 명확한 예가 있네. 열이 여덟보다 더 많은 이유는 둘이 보태지기 때문이고, 2완척琓尺●이 1완척보다 긴 이유는 그 전체 길이의 반이 초과되기 때문이지."

"지금은 그 문제에 대해 어떻게 생각하시나요?" 케베스가 여쭈었습니다.

"맹세컨대, 내가 이것들 가운데 어떤 원인을 알고 있다고는 도무지 생각할 수 없다네. 하나에 하나를 더하면, 원래의 하나가 둘이 되는지 아니면 덧붙여진 나중의 하나가 둘이 되는지 나 자신이 납득할 수가 없게 되었네. 이것들이 각기 떨어져 있었을 때 그 각각은 하나였지 둘이 아니었지만, 서로 가까이 있게 되면서, 즉 함께 있게 되어 형성된 결합이 둘이 됨의 원인이 되는 것도 의아하게 생각된다네. 게다가 하나를 나누면, 그 나눔이 둘이 됨의 원인이 된다는 것도 아직도 납득할 수 없다네. 이번 경우에는 하나에 하나를 더해 둘이 되는 것과 그 원인이 반대가 되기 때문이지. 조금 전에는 서로 가까이 결합돼서 하나가 다른 하나에 더해졌기 때문에 둘이 되었지만, 이번에는 하나가 다른 하나에서 떨어져 분리되어 둘이 되었기 때문이니까. 어떤 하나가 무엇 때문에 생겨나는지, 한마디로 어떤 것이 무엇 때문에 생기고 소멸하고 또한 존재하는지도 이런 탐구 방법으로는 알아내지 못할 것 같았네.● 그래서 대신에 나는 내 나름의 방법으로 제멋대로 뒤섞어 보고, 이전의 탐구 방법은 받아들이지 않기로 했지.

그런데 일선에 누군가가 아낙사고라스가 지었다는 책을 읽고 있는 걸 들었는데, 그 책의 주장은 세상에 질서를 부여하고 모든 것의 원인이 되는 것은 바로 정신(지성)이란 거였어. 난 이 원인에 대해 알게 되어 즐거워했으며, 정신이 모든 것의 원인이 되어야 한다는 것은 어떤 면에서 좋은 것이라 여겨졌지. 만일 그렇다면, 질서를 지어 주는 정신은

● **완척** 팔꿈치에서 가운뎃손가락 끝까지의 길이. 약 46~56cm.

● 둘이 된다는 결과를 야기시키는 것이 어떤 때는 결합이었다가 또 어떤 때는 분리여서 혼란스럽다는 의미다. 이처럼 눈에 보이는 현상에만 매몰되면 사물의 배후에 있는 진정한 '원인'을 알 수 없다는 뜻으로, 그래서 아래에서는 자연철학자 아낙사고라스를 비판한다.

모든 것에 질서를 지어 주고 각각의 것들이 최선의 상태로 있게끔 자리를 잡아 준다고 생각했다네. 그래서 만일 누군가가 각각의 것들이 어떤 식으로 생겨나고 소멸하며 또는 존재하는지 그에 관련된 원인을 발견하고자 한다면, 그것이 어떻게 존재해야 최선인지, 그것이 무엇을 해야 하고 무엇을 했어야 최선인지를 밝혀내야만 한다는 것이지. 이러한 추론에 따르면, 이런 문제와 다른 모든 문제에 대해 가장 훌륭한 것과 가장 좋은 것만을 고찰하는 것이 사람에게 마땅한 일이라네. 그러고 나서 나쁜 것들도 마찬가지로 알아야 하는 것은 필연적이지. 이와 관련된 앎은 같은 것이니 말이야.

이런 것들을 생각해 내다 보니, 나는 아낙사고라스가 존재하는 것들에 관련된 원인을 가르쳐 줄 마음에 드는 스승이 되어 줄 거라는 생각이 들어 몹시 기뻤다네. 나는 아낙사고라스가 먼저 지구가 평평한지 아니면 둥근지를 말해 주리라 생각했고, 그것을 말해 줄 때 어느 쪽이 더 좋은지 또 그쪽이 더 좋은 이유가 무엇인지, 그 원인과 필연성을 계속해서 설명해 주리라 생각했네. 그리고 만일 지구가 우주 한가운데 있다고 그가 주장한다면, 지구가 가운데 있는 것이 어째서 더 좋은지도 내게 더 설명해 주리라 생각했어. 그래서 만일 그가 이것들을 내게 분명하게 해 줄 수 있다면, 더는 다른 종류의 원인을 갈망하지 않기로 마음먹었지. 더욱이 해와 달 그리고 다른 별들에 대해서도 같은 방식으로 밝힐 준비를 하고 있었네. 그것들의 상대적인 속도와 회귀들(지점 至點) 그리고 그것들에게서 일어나는 그 밖의 다른 일들에 대해, 이 각각의 것들이 어떤 면에서 그것이 겪은 것을 그 각각이 해내고 경험하는 것이 최선인지를 말이야. 왜냐하면 그가 말하기를 정신이 이것들의 질서를 부여한다고 했으니, 그것들이 지금 그대로 있는 것이 가장 좋다고 하는 것 말고 다른 엉뚱한 원인을 제시하리라고는 생각하지 못했기 때문이지. 그래서 그가 각각의 원인과 공통적인 원인을 제시하고

**헤카타이오스의 지도**
소크라테스 이전의 그리스 역사가 헤카타이오스(기원전 550?~기원전 475?)가 만든 세계지도. 그는 세상이 지중해를 중심으로 바다로 둘러싸여 있다고 보았다.

나서, 그 각각에 가장 좋은 것과 이들 모두에 공통적으로 좋은 것을 더 설명해 주리라 생각했다네. 난 대가를 받더라도 나의 희망을 단념할 수 없었고, 가장 좋은 것과 더 못한 것을 가능한 빨리 알기 위해서 서둘러 그 책들을 입수해서 최대한 빨리 읽었다네.

그런데 이토록 놀라운 희망으로부터 난 버림 당했다네. 여보게, 책을 쭉 읽다 보니, 아낙사고라스는 정신을 전혀 사용하지 않고 사물에 질서를 초래하는 아무런 원인도 주장하지 않으면서 공기와 에테르, 물 그리고 그 밖의 이상한 것들을 원인으로 주장하더군. 내가 보기에 그 사람은 소크라테스가 하는 모든 행위는 정신에 의한 것이라고 말해 놓고, 내가 행하는 모든 행위의 원인을 말하려 할 때는 정작 다음과 같이

제4장  171

말하는 사람 같네.

그 사람에 따르면 먼저 내가 지금 여기에 앉아 있는 이유는 내 몸이 뼈와 힘줄로 이루어져 있기 때문인데, 뼈는 단단하며 서로 떨어져 있도록 관절을 가지고 있는데 반해, 당겨지거나 펴질 수 있는 힘줄은 뼈와 관절 모두를 유지시켜 주는 살과 피부와 함께 뼈를 둘러싸 있다네. 그래서 뼈가 관절에서 움직일 때 힘줄은 오므렸다 폈다 하면서 사지를 구부릴 수 있게 해 주고, 이런 원인으로 해서 내가 지금 여기서 다리를 구부리고 앉아 있다는 것이지.

이와 마찬가지로 내가 자네들과 이야기를 나누고 있는 것과 관련해서도 목소리와 공기, 청각 그리고 그러한 수많은 것들을 원인이라고 주장하면서 참된 원인을 말하는 것은 소홀히 하지. 아테네 사람들이 내게 유죄판결을 내리는 것이 더 좋다고 판단을 내렸기 때문에, 그래서 내 입장에서는 여기에 앉아 있는 게 더 좋고, 더욱이 이렇게 머물러 있다가 어떤 형벌이 정해지더라도 감내하는 것이 더 좋다고 판단했던 것인데 말이야. 맹세컨대, 만일 이 나라가 내리는 어떤 형벌이라도 받아들이는 것이 피해서 도망가는 것보다 더 올바르고 더 훌륭한 일이라고 생각하지 않았다면, 나의 힘줄과 뼈들은 가장 좋은 것에 대한 판단을 따라 벌써 오래 전에 메가라나 보이오티아 지방에 가 있었을 것이네.

하지만 이런 것들을 원인이라고 부르는 것은 매우 이상한 일이지. 뼈나 힘줄 같은 것들 그리고 내가 가지고 있는 다른 모든 것들이 없이는 내게 최선으로 보이는 것을 할 수 없다고 하는 것은 진실이네. 하지만 내가 하려고 하는 행동을 수행하는 것은 비록 지성이 관여하기는 하지만 최선의 선택에 의해서라기보다는 이런 것들(뼈, 힘줄, 다른 모든 것들)이 원인이 된다고 한다면, 그 주장은 매우 부주의한 게야. 진짜 원

**지구가 떠 있는 이유**
회오리바람으로 지구가 떠 있다는 주장을 한 사람은 엠페도클레스다. 평평한 통 위에 놓인 것처럼 공기가 지구를 떠받치고 있다는 주장을 한 사람으로는 아낙시메네스, 아낙사고라스, 데모크리토스가 있다. 앙트완 크와펠의 1692년 작 〈데모크리토스〉.

인과 그것 없이는 원인이 절대로 원인이 될 수 없는 것이 다르다는 것을 구별할 수 없다고 상상해 보게! 이런 점에서 많은 사람들이 마치 어둠 속에 있는 것처럼 뒤의 것(그것 없이는 원인이 절대로 원인이 될 수 없는 것)에 부당한 이름을 적용하여 그것을 원인으로 일컫고 있네. 그래서 이런 이유로 어떤 사람은 지구 주변에 회오리바람이 일어 지구가 그 자리에 머물러 있다고 하는가 하면, 어떤 사람들은 마치 평평한 반죽통 위에 있는 것처럼 공기가 지구를 떠받치고 있다 하네. 그들은 가능한 최선의 상태로 지구와 그 주변의 것들이 현재 자리 잡은 대로 위치시키는 그런 힘을 찾지도 않으며, 그 힘이 어떤 신적인 능력을 지니고 있다고도 생각하지 않지만 언젠가 그 힘보다 더 강하고 더 죽지 않으며 모든 것을 더욱 잘 결합시키는 아틀라스를 찾아 낼 거라고 믿고 있지. 그들은 정말로 좋으며 적절한 것은 묶고 결합한다고 전혀 생각하지 않네. 그래서 나는 누구의 제자라도 기꺼이 되어 그러한 원인이 어떻게 작용하는지 알고 싶었네. 하지만 그런 기회를 빼앗겼기 때문에 나 자신이 그것을 발견하거나 다른 사람에게서 배울 수도 없게 되었지. 그 대신 내가 원인을 탐구하기 위한 차선의 방법으로 무엇을 택했는지 보고 싶은가, 케베스?" 선생님께서 말씀하셨습니다.

"네, 그러시기를 매우 바라고 있습니다." 그가 대답했습니다.

**아틀라스**
하늘을 받쳐 주는 기둥의 수호지면 아틀라스는 제우스와 맞서 싸우다 져서 직접 제 어깨로 하늘을 떠받치는 형벌을 받는다. 존 싱어 사전트의 1922~1925년 작 〈아틀라스와 헤스페리데스〉.

### 원인으로서의 형상

"이런 일이 있은 후 존재하는 것들에 대한 연구에 지쳤기 때문에, 나는 일식 때 태양을 바라보거나 관찰하는 사람들이 처할 수 있는 위험을 조심해야만 한다는 생각이 들었다네. 일식 때 물속이나 물과 같은 종류의 어떤 것에 비친 해의 영상映像을 보지 않고 직접 해를 보는 사람은 눈을 망치게 될 테니까. 이런 생각을 하다 보니, 내 눈으로 바라보고 각각의 감각으로 사물을 파악하려 시도하다가 영혼의 눈이 완전히 멀어 버리지는 않을까 두려워졌네. 그래서 정의된 말들에 의지해서 존재하는 것들의 진리를 고찰해야겠다는 생각이 들었지.

어쩌면 나의 비유는 어떤 면에서 꽤 부적절하네. 왜냐하면 존재하는 것들을 정의된 말들 속에서 고찰하는 사람이, 존재하는 것들을 (구체적인) 사례들 속에서 고찰하는 사람보다 겉모습에 더 의존한다는 것을 난 결코 인정하지 않을 테니까 말일세.

어쨌든 내가 택한 방식은 이렇게 시작하네. 난 먼저 가장 강력하다고 판단하는 것을 이론으로 가정하고서, 원인에 관해서든 아니면 그 밖의 다른 모든 것에 관해서든 내가 보기에 이 이론과 합치해 보이는 것은 참된 것으로 간주하고, 반면에 그렇지 않은 것들은 참되지 않은 것으로 간주하네. 그런데 자네가 아직 이해하지 못하는 것 같아 더 명확히 설명해 주고 싶네." 소크라테스 선생님께서 말씀하셨습니다.

"맹세코, 전혀 이해하지 못하고 있습니다." 케베스가 말했습니다.

"내가 말하려고 하는 것은 조금도 새로운 것이 아닐세. 다른 때도 그랬지만 이전의 논의에서도 끊임없이 이야기해 온 바로 그것들이지. 나는 내가 몰두해 온 원인의 종류를 자네에게 보여 주려고 하고 있네. 그리고 난 다시 한번 숱하게 이야기한 내용들로 돌아가서 거기서부터 시작하겠네. 즉 아름다움 자체가 그 자체로 존재한다고, 그리고 좋은 것, 큰 것, 그 밖의 모든 것 그 자체가 존재한다고 가정하고 말이야. 만일 자네가 내게 이런 가정을 허용해 주고 그것들이 존재한다는 데 동의한다면, 난 자네에게 그것들에서 원인을 찾아 주고 영혼이 죽지 않는다는 것도 증명해 줄 수 있으리라 기대하네." 소크라테스 선생님께서 말씀하셨습니다.

"부디 허락된 걸로 보시고 서둘러 진행해 주시죠." 케베스가 말했습니다.

"그러면 다음의 것들에 대해서도 자네가 나에게 동의하는지 아닌지 생각해 보게나. 만일 아름다움 자체 이외에 다른 아름다운 어떤 것이 있다면, 그것이 아름다운 까닭은 다른 이유 때문이 아니라 아름다움 자체에 관여*하기 때문이라고 보네. 이 밖의 모든 것도 이런 식이라고 보는데, 이에 대해 자넨 동의하는가?" 선생님께서 물으셨습니다.

"동의합니다." 그가 대답했습니다.

"그러므로 난 다른 원인들, 즉 저 지혜로운 원인들을 이해할 수도 알 수도 없네. 만일 누군가가 뭔가가 아름다운 것은 밝은 빛깔이나 특이한 모양 혹은 그런 종류의 다른 어떤 것을 가지고 있어서 그렇다고 말한다면, 나는 그런 다른 원인들을 버릴 걸세. 다른 모든 것들은 나를 혼란스럽게 할 테니까. 나는 단순하게 그리고 꾸밈없이, 어쩌면 순진하게 다음 견해를 견지하겠네. 즉 뭔가를 아름답게 만들어 주는 것은 오직 아름다움 자체의 현존(나타나게 됨)이거나 아름다움 자체와의 결합이거나 또 어떤 식으로든 아름다움과 맺게 될 관계 때문이지. 지금으로선 내가 확신하지는 못하지만, 모든 아름다운 것이 아름다운 것은 아름다움 자체(아름다움의 이데아)에 의해서라는 것만은 단언한다네. 이것이야말로 나 자신에게나 다른 사람에게나 확신을 가지고 할 수 있는 대답이라네. 이 주장을 단단히 고수한다면 절대로 넘어지지 않고, 나 자신이나 다른 누구에게나 아름다운 것이 아름다운 이유는 아름다움 자체에 의해서라고 대답하는 것이 안전하다고 생각하네. 자네가 보기

● 관여metechei 이데아가 구체적인 사물들과 관계를 맺는 방식을 말한다.

에도 그러하지 않은가?" 소크라테스 선생님께서 말씀하셨습니다.

"그렇게 보이는군요."

"그러니 큰 것들이 크고, 더 큰 것들은 더 큰 것도 큼 자체에 의해서이고, 작은 것들이 작은 것도 작음에 의해서겠지?"

"그렇습니다."

"그렇다면 만일 어떤 사람이 다른 사람보다 머리만큼(머리에 의해) 더 크며, 작은 사람도 그와 같은 식으로 작다고 주장한다면, 자넨 이 주장을 받아들이지 않을 거야. 대신에 어떤 것보다 더 큰 것은 오직 큼 자체에 의해서만 더 큰 것이며, 더 작은 것은 단지 작음 자체에 의해서만 더 작다고 단언할 걸세. 나는 자네가 이렇게 말하는 것이 반론이 나올까 겁이 나서라고 생각하네. 만일 자네가 누군가를 머리만큼(머리에 의해) 더 크거나 더 작다고 말한다면, 우선 똑같은 것을 가지고 더 큰 것이 더 크고 더 작은 것이 더 작다고 하는 게 되고, 다음으로는 작은 머리에 의해 더 큰 사람이 더 크다고 하는 게 되는데, 이것은 작은 무언가를 가지고 누군가가 크다고 하는 것이어서 분명히 괴이한 일이 되지. 자넨 이런 것들이 두렵지 않겠는가?"

그러자 케베스가 웃으며 말했습니다. "저야 물론 두렵죠."

"그러면 열이 여덟보다 둘만큼(둘에 의해) 더 많고 이 원인 때문에 초과한다고 말하기는 두려워도, 많은 수에 의해, 즉 많은 수 때문이라고 말하는 것은 두렵지 않은가? 또는 2완척이 1완척보다 반만큼(반에 의해서) 더 크다고 말하기는 두렵지만, 크기 때문이라고 말하는 것은 두렵지 않은가? 어쩌면 똑같은 두려움일 테니 말이야." 소크라테스 선생님께서 말씀하셨습니다.

"물론이지요." 그가 말했습니다.

"그러면 이건 어떤가? 하나에 하나가 더해지는 경우 더함이 둘로 됨의 원인이라고 하거나, 하나가 나누어지는 경우 나눔이 둘로 됨의 원인이라고 말하는 것을 자네는 삼가겠는가? 각각의 것이 생성될 때, 그것이 고유한 존재에 관여하는 것 말고는 다른 어떤 방식도 모른다고 자네는 큰 소리로 외치겠지. 이 경우에도, 둘로 됨의 원인으로 둘인 것(둘임, 둘의 이데아)에 대한 관여 말고는 다른 어떤 원인도 제시할 수 없고, 둘이 되려고 하는 것은 둘인 것에 관여해야만 하고, 하나이고자 하는 것은 하나인 것(하나임, 하나의 이데아)에 관여해야 한다고 주장하겠지.

하지만 나눔이나 더함 그리고 그 밖의 이와 같은 정교한 것들은 자네보다 더 지혜로운 사람들에게 대답하라고 넘기겠지. 속담에서 말하듯 자네는 자기 그림자와 미숙함에 놀라 가정假定의 안전함에 들러붙어 그렇게 대답하겠지.

만일 누군가가 이 가정 자체를 붙들고 늘어진다면, 자네는 그 사람을 소홀히 하고, 그 가정에서 나온 결과들이 서로 일치하는지 안 하는지를 검토해 본 후에 대답을 할 걸세.

그러나 만일 자네가 그 가정 자체에 대해 설명을 해야만 할 때는, 더 높은 가정들 가운데 가장 좋아 보이는 또 다른 가정을 다시 가정하고서, 만족할 만한 것이 나올 때까지 똑같은 식으로 설명을 해 주겠지. 그리고 동시에 만일 자네가 존재하는 것들에 대해 뭔가를 찾아내고자 한다면, 마치 반론하는 사람들이 하는 것처럼 출발점과 그 결과를 동시에 논의함으로써 뒤범벅을 만들지는 않겠지? 그 사람들에게 이런 것은 생각하거나 고려할 문제도 아닐 테니까. 그들은 모든 것을 혼동하고 있으면서도, 자신들의 지혜로 여전히 스스로에게 만족할 수 있는 사람들이라네. 히지만 자네가 정녕 지혜를 사랑하는 사람이라면 내가 말한대로 하리라 생각하네."

"선생님 말씀이 참으로 옳으십니다." 하고 시미아스와 케베스가 동시에 말했습니다.

**교육**
소크라테스는 질문을 거듭하여 제자들에게 깨우침을 준다. 소크라테스가 상대방으로 하여금 지혜를 이끌어 내게 하는 이러한 대화법은 '산파술'이라 불렸다. 고대 그리스의 교육 장면을 보여 주는 기원전 5세기 도기.

에케크라테스  파이돈! 지당한 말씀입니다. 제가 보기에 선생님의 말씀은 분별력이 아주 부족한 사람도 명료하게 알아들을 수 있을 만큼 놀랍습니다.

파이돈  그렇습니다, 에케크라테스! 함께 있던 사람들도 모두 그렇게 생각했죠.

에케크라테스  그 자리에 있지 못하고 지금에야 그 내용을 듣고 있는 우리도 동의할 정도입니다. 그런데 그 이후로 어떤 말씀을 하셨나요?

### 형상 이론으로 영혼의 불멸성 증명

파이돈  내 기억에 소크라테스 선생님께서는 형상形相●이라는 각각의 무엇인가가 있고, 이에 관여하는 모든 것은 형상과 같은 이름을 갖게

● **형상 eidos** 에이도스나 이데아란 말은 당시에는 대체로 '모양, 모습, 형태, 성질, 종류'라는 의미로 사용되었는데, 플라톤은 여기서 처음 이 용어를 자신의 전문 용어로 사용하고 있다.

된다는 데 동의를 얻으신 다음 이런 질문을 하셨습니다.

"만일 자네가 이 모든 것에 대해 그렇다고 말한다면, 시미아스는 소크라테스보다 더 크지만 파이돈보다는 더 작다고 말할 때, 바로 그때 시미아스 안에 이 두 가지 것, 즉 큼과 작음이 있다고 주장하는 게 아닌가?"

"전 그리 생각합니다."

소크라테스 선생님께서 말씀하셨습니다.

"하지만 시미아스가 소크라테스보다 키가 크다는 주장은 그런 식으로 표현은 되었지만, 문제의 진실은 아니라는 데 자네는 동의하는가? 왜냐하면 시미아스는 본성상 키가 큰 것이 아니라, 즉 시미아스임에 의해서가 아니라 우연히 갖게 된 큼에 의해서 그런 것이고, 또 그가 소크라테스보다 키가 큰 것도 소크라테스가 소크라테스이기 때문이 아니라 소크라테스가 시미아스의 큼에 대해 작음을 가졌기 때문이지?"

"참으로 그러합니다."

"그러면 다시 시미아스가 파이돈보다 키가 작은 것 역시 파이돈이 파이돈이기 때문이 아니라, 시미아스의 작음에 대해 파이돈이 큼을 가지고 있기 때문이겠지?"

"그건 그렇죠."

"그래서 시미아스를 두고 이런 식으로 작다고 하기도 크다고 하기도 하는데, 이는 그가 두 사람의 중간에 있어, 자신의 작음을 파이돈의 큼에 굴복시킴으로써 파이돈을 크게 하지만, 소크라테스의 작음을 능가하는 자신의 큼을 드러내 보이기 때문이지."

이렇게 말씀하시고서는 웃으며 덧붙이셨습니다.

"내가 법률 문서*에서처럼 말하는 듯 보이기는 하지만, 아무튼 실상은 내가 말한 대로라네."

케베스가 그에 동의하자 소크라테스 선생님이 다시 말씀하셨습니다.

● **법률 문서** 원어로는 syngraphikos인데, 정확한 뜻은 분명하지 않다. 대체로, '책처럼', '신문체로', '문서처럼' 등으로 해석하여, 뭔가 공식적인 것임을 의미한다.

"내가 이런 식으로 말하는 이유는 자네가 나처럼 생각하기를 바라서라네. 큼 자체는 절대로 크면서 동시에 작을 수 없을 뿐만 아니라 우리 안에 있는 큼도 작음을 절대로 받아들일 수 없고 작게 되지도 않을 것으로 보이네. 오히려 큼은 그것의 반대인 작음이 다가오면 피해서 자리를 내주거나, 아니면 작음이 다가오는 바로 그때 이미 소멸해 버리거나 할 걸세. 하지만 큼이 그 자리에서 물러서지 않고 작음을 받아들여, 이전의 자기와는 다른 것으로 되는 일은 절대로 있을 수 없다네. 예를 들어, 만일 내가 작음을 받아들여 머물러 있으면서 동시에 계속해서 내 모습 그대로 있다면, 그러면 난 여전히 똑같은 작은 사람이지. 하지만 우리 안에 있는 큼은 크면서 동시에 도저히 작음이 될 수 없고, 마찬가지로 우리 안의 작음도 크게 되거나 큰 것일 수는 없네. 또 대립되는 어떤 것들도 여전히 자기 모습을 지키면서 동시에 자기와 대립되는 것으로 되거나 대립되는 것일 수는 없네. 그런 일이 벌어지면 떠나 버리거나 소멸해 버릴 거야."

"제가 보기에도 전적으로 그러합니다." 케베스가 말했습니다.

그러자 누군지는 확실하게 기억나지 않지만, 함께 있던 사람 가운데 한 사람이 이 말을 듣고 말했습니다.

"맹세코, 이전 논의에서 우리는 지금 이야기한 것의 정반대의 것에 동의하지 않았던가요? 더 큰 것은 더 작은 것에서 그리고 더 작은 것은 더 큰 것에서 생기는 것이며, 이렇듯 대립되는 것에서 대립되는 것이 생성된다고 하지 않았나요? 하지만 지금은 이런 일은 절대로 일어나지 않는다고 말하게 되는 것 같습니다."

소크라테스 선생님께서는 그쪽으로 머리를 돌려 이야기를 들으시고서 말씀하셨습니다.

"그것을 상기시켜 주다니 자네 참 훌륭하구먼. 하지만 자네는 지금 이야기한 것과 그때 이야기한 것의 차이를 깨닫지 못하고 있다네. 그

때는 구체적으로 대립되는 것(대립자)들이 또 다른 대립되는 것들에서 생긴다고 말했지만, 지금 우리가 이야기하고 있는 것은 대립되는 것 자체를 말하고 있는 걸세. 우리 안에 있는 것이든 아니면 본성적인 대립자이든 자기 자신과 대립되는 것으로는 절대 될 수 없다는 것일세.

여보게, 그때엔 대립되는 것들을 가지고 있는 사물들을 대립되는 것 자체가 가지고 있는 똑같은 이름으로 부르면서 이야기한 것이고, 지금은 대립되는 것 자체와 똑같이 불리는 사물들에 이름을 부여해 준 저 대립되는 것 자체에 대해서 이야기하고 있는 것이네. 대립되는 것들 자체는 서로 간에 생성을 절대로 받아들일 수 없다고 주장하는 걸세."

소크라테스 선생님께서는 케베스 쪽을 바라보시면서 말씀하셨습니다.

"케베스! 자네는 이 친구의 말에 혼란스러워 하지 않는 것 같은데, 그렇지?"

"네, 이번에는 그렇지 않습니다. 물론 여전히 많은 것이 저를 괴롭히긴 하지만요." 케베스가 말했습니다.

"그러면, 대립되는 것이 그 자신과 대립되는 것으로 되는 일은 절대로 있을 수 없다는 데 우리는 조건 없이 동의했네." 소크라테스 선생님께서 말씀하셨습니다.

"전적으로 그렇습니다." 그가 말했습니다.

"더 나아가 이 문제도 나에게 동의하는지 생각해 보게. 자네는 뭔가를 '뜨겁다' 거나 '차갑다'고 부르는가?" 소크라테스 선생님께서 물으셨습니다.

"그렇습니다."

"그것들은 눈(雪)이나 불과 같은 것인가?"

"아닙니다. 전혀 그렇지 않습니다."

**소크라테스 감옥**
필리파포스 언덕 근처 소크라테스가 갇혀 있던 감옥이라고 전해지는 장소다.

"뜨거움은 불과는 다른 무엇이고, 차가움은 눈과는 다른 무엇인가?"

"그렇습니다."

"그러면 앞에서도 이야기했듯이, 눈이 뜨거움을 받아들이면 이전의 그 모습 그대로 눈이면서 동시에 뜨거울 수는 없는 일이어서, 뜨거움이 다가오면 눈은 자리를 내어 주거나 아니면 소멸해 버릴 거라고 사네가 생각할 것 같네."

"물론입니다."

"그리고 불은 차가움이 다가오면 자리를 내주거나 소멸해 버리지, 차가움을 받아들이고서 여전히 그대로 불일 수는, 즉 불이면서 동시에 찰 수는 없다고 하겠지."

"선생님 말씀이 옳으십니다."

"이런 것들 가운데 몇몇 경우에, 형상 자체만이 항상 자기 이름을 가질 자격이 있는 것이 아니라, 형상과 다른 어떤 것들도 그것이 존재하는 한 언제나 형상의 특성을 갖는다네. 예를 들어 좀 더 명확히 해 보지. 홀수는 늘 우리가 지금 사용하고 있는 이름을 얻어야만 하네. 그렇지 않은가?"

"물론입니다."

"그러면 홀수라는 이름이 붙어 있는 것들 가운데 그것이 유일한가? 아니면 홀수 자체는 아니지만 본성상 홀수와 절대로 떨어질 수 없기에 자신의 이름과 함께 홀수라는 이름으로 불리는 다른 어떤 것이 있는가? 셋인 것 그리고 다른 많은 사례에 생기는 바로 그런 말일세.

셋에 대해 생각해 보게나. 셋은 셋이라는 자기 이름으로 그리고 홀수라는 이름으로 항상 불려야만 한다고 생각하지 않는가? 홀수라는 명칭과 셋이라는 명칭이 다르지만 말이야. 셋인 것과 다섯인 것 그리고 전체 숫자의 절반이 각각은 홀수 자체와 같은 것은 아니지만 언제나 홀수이지. 그리고 또한 둘과 넷 그리고 나머지 숫자 절반이 짝수 자체와 같은 것은 아니지만 여전히 그것들 각각은 짝수라네. 여기에 동의하는가?"

"동의합니다." 그가 말했습니다.

"그러면 내가 보여 주고자 하는 것을 자세히 생각해 보게나. 대립되는 것들만이 서로를 받아들이지 않는 것이 아니라, 서로 대립되지 않는 것들도 항상 대립되는 것들을 가지고 있으면서 자신들이 가지고 있는 특성에 대립되는 특성을 받아들이지 않을 걸로 보이네. 그래서 대립되는 것이 공격하면, 소멸해 버리거나 물러난다네. 셋이 계속해서 셋이면서 짝수로도 남아 있기보다는 그 전에 먼저 소멸하거나 다른 어떤 일이든 겪게 되는 것이 아닐까?" 선생님께서 말씀하셨습니다.

"전적으로 그렇죠." 케베스가 말했습니다.

"둘이 셋에 대해 대립되는 것도 아니지?" 선생님께서 말씀하셨습니다.

"아니죠."

**〈아테네 학당〉**
중앙에 있는 두 명 중 붉은 겉옷을 입고 오른손가락으로 하늘을 가리키는 사람이 플라톤, 푸른 겉옷을 입고 손을 앞으로 향한 사람이 아리스토텔레스다. 플라톤의 오른편에 수염이 더부룩하고 풀빛 옷을 입은 사람이 소크라테스로, 뭔가를 열심히 설명하고 있다. 라파엘로의 1509~1510년 작.

"그러면, 사물들 안에 대립되는 그런 형상들만이 서로 공격에 버티지 못하는 것이 아니라, 그 형상들이 아닌 다른 것들도 대립되는 것들이 공격해 오면 버티지 못하지."

"매우 옳으십니다." 그가 말했습니다.

"그러면 우리가 할 수 있다면, 자네는 이것들이 어떤 것들인지 정의하기를 바라는가?" 선생님께서 물으셨습니다.

"물론이지요."

"그렇다면 케베스, 그것들은 자신들이 점령하고 있는 것은 무엇이든 자기들의 특성을 갖게 할 뿐만 아니라 항상 어떤 대립되는 특성을 갖게 하는 그런 것들이 아니겠는가?" 선생님께서 물으셨습니다.

"무슨 의미신지요?"

"우리가 바로 지금 말한 것일세. 셋의 이데아(형상)가 점령하고 있는 것은 무엇이든 셋일 뿐만 아니라 홀수이기도 하다는 것을 자넨 분명 알고 있을 게야."

"물론입니다."

"이렇게 작용하는 특성에는 대립되는 이데아(특성)가 절대로 다가갈 수 없다고 우린 말하고 있는 거야."

"그럴 수 없죠."

"그래서 홀수의 특성이 작용한 것이겠지?"

"네."

"그러면 이것에 대립되는 것은 짝수의 특성이겠구먼?"

"네."

"그러니까 짝수의 특성은 절대로 셋에 접근하지 않을 거네."

"네, 그러지 않을 겁니다."

"그러면 셋은 짝수와는 관계가 없군."

"관계없죠."

"그러면 셋인 것은 짝수가 아닌 것이로군."

"네."

"그러므로 내가 정의하고자 한 것은 어떤 것에 대립는 것은 아니면서 대립되는 것을 받아들이지 않는 것들이었지. 지금의 경우처럼, 셋은 짝수에 대립되지 않지만 그럼에도 짝수를 받아들이지는 않시. 항상 짝수란 성질을 받아들이지 않아서 그렇다네. 그리고 둘인 것은 홀수라는 성질을 받아들이지 않고, 불은 차가움이라는 성질을 받아들이지 않고, 다른 많은 것들도 그러한 것처럼 말일세.

자, 자네는 이렇게 정의할지 생각해 보게. 즉 대립되는 것만이 대립되는 것을 받아들이지 않는 것이 아니라, 대립되는 뭔가를 불러내는 것도 부름을 받은 것에 대립되는 성질을 절대로 받아들이지 않는다고 말이야.

돌이켜 생각해 보세. 여러 번 듣는다고 해서 해害가 되지는 않을 테니. 다섯은 짝수의 특성을 받아들이지 않고, 다섯의 두 배인 열 역시 홀수의 특성을 받아들이지 않을 게야. 물론 두 배는 그 자체로 다른 어떤 것의 대립물이지만, 그럴지라도 홀수의 특성은 받아들이지 않겠지. 그런데 1과 2분의 1이나 그 밖의 반인 것도 정수의 특성을 받아들이지 않는다네. 3분의 1이나 그와 같은 것들도 마찬가지지. 자네가 내 말에 따르고 동의한다면 말이야"

"전폭적으로 동의하며 선생님 말씀에 따르렵니다." 그가 말했습니다.

"그러면 처음부터 다시 내게 말해 주게. 그리고 내 질문에 답을 하지 말고 내가 하는 것을 따라해 주게나. 처음에 내가 말한 안전한 대답 말고도 지금 이야기된 것에서 또 다른 확실한 대답을 보았기 때문에 하는 말일세.

만일 자네가 무엇이 우리 몸 안에 있을 때 몸을 뜨겁게 만드는 것인지를 내게 묻는다면, 저 안전하지만 우직한 대답 즉 뜨거움이라고 하지 않고, 방금 언급한 것을 좇아 더욱 세련된 대답 즉 불이라고 하겠네. 그리고 자네가 무엇이 우리 몸 안에 있을 때 병이 나냐고 묻는다면, 병이라고 대답하지 않고 열熱이라고 대답하겠네. 그리고 무엇이 수數 안에 있게 되면 그 수가 홀수가 되는지 묻는다면, 홀수인 것이라 하지 않고 하나인 것이라 대답하겠네.● 그 밖에도 마찬가지겠지. 내가 원하는 것을 이제는 충분히 이해하는지 생각해 보게." 선생님께서 말씀하셨습니다.

"네, 충분히 잘 이해합니다." 그가 대답했습니다.

● 여기서 하나인 것, 하나임이란 우리가 수학에서 말하는 1이 아니라 이데아로서의 수, 즉 1의 이데아다. 어떤 수를 홀수로 만드는 것은 이데아로서의 하나라는 뜻이다. 홀수란 2로 나누었을 때 1이 남는 수인데 이것이야말로 어떤 수를 홀수로 만드는 이데아로서의 1이다. 이 단락 전체를 놓고 보면 불, 열, 하나인 것이 존재의 심층에서 작용하는 본질적인 것이라고 볼 수 있다. 여기에서도 현상에서 이데아(형상)의 세계를 탐구하려는 플라톤의 집요한 문제의식을 엿볼 수 있다.

"그러면 대답해 보게. 무엇이 몸 안에 있으면, 몸이 살아 있게 되는가?" 선생님께서 물으셨습니다.

"영혼입니다." 그가 대답했습니다.

"그러면 그것은 항상 그런가?"

"물론입니다."

"그렇다면 영혼은 무엇을 점령하고 있든, 언제나 그것에 삶(생명)을 불러오는가?"

"그렇습니다."

"그러면 삶은 대립되는 것을 가지고 있는가, 없는가?"

"있습니다."

"무엇인가?"

"죽음입니다."

"그러면 앞에서 동의했듯이 영혼은 자기가 불러 온 것에 대립되는 것을 절대로 받아들이지 않겠지?"

"단연코 그러지 않을 겁니다." 케베스가 대답했습니다.

"자 그러면, 짝수의 이데아(특성)를 받아들이지 않는 것을 우리는 뭐라 이름붙이겠느냐?"

"짝수가 아닌 것이요."

"그러면, 올바름을 받아들이지 않는 것과 음악적인 것을 받아들이지 않는 것에는?"

"올바르지 않음, 그리고 음악적이지 않음이라 하겠죠."

"자, 그러면 죽음을 받아들이지 않는 것을 뭐라 부르겠는가?"

"죽지 않는 것이라 부릅니다."

"영혼은 죽음을 받아들이지 않는가?"

"받아들이지 않습니다."

"그러면 영혼은 죽지 않는 것이로군."

"죽지 않는 것이죠."

"자, 이것으로 증명되었다고 말해도 되겠나? 아니면 자넨 어떻게 생각하나?" 선생님께서 물으셨습니다.

"네, 충분히 증명되었습니다, 선생님!"

"그러면 케베스, 어떤가? 만일 짝수 아닌 것이 필연적으로 파괴될 수 없는 것이라면, 셋도 파괴될 수 없는 것 아닌가?" 소크라테스 선생님께서 물으셨습니다.

"물론입니다."

"그러면 마찬가지로 만일 뜨겁게 될 수 없는 것이 필연적으로 파괴될 수 없는 것이라면, 뜨거움을 눈(雪)에 가져갔을 때 눈은 안전하고 녹지 않도록 물러나겠지? 그것은 소멸할 수도 없고 그렇다고 그대로 있으면서 뜨거움을 받아들이지도 않을 테니까."

"옳으십니다." 그가 말했습니다.

"마찬가지로 만일 차갑게 될 수 없는 것이 파괴될 수 없다면, 찬 무언가가 불에 다가갈 때 불은 꺼지거나 소멸하지 않고 온전하게 물러나 버릴 거라 난 생각하네."

"필연적이지요." 그가 말했습니다.

"그렇다면, 죽지 않는 것에 대해서도 똑같이 말해야 하지 않겠나? 죽지 않는 것 또한 파괴될 수 없다면, 죽음이 영혼을 공격하더라도 소멸할 수는 없네. 왜냐하면 앞에서 말한 것에 따라 영혼은 죽음을 받아들일 수도 죽은 상태로 될 수도 없기 때문이지. 마치 셋이 짝수일 수 없고, 마찬가지로 홀수도 짝수일 수 없으며, 불이나 불 속의 뜨거움도 찬 것일 수 없다고 말했듯이 말이야.

하지만 누군가가 이렇게 말할 수도 있겠지. '우리가 동의했듯이, 홀수는 짝수가 다가오더라도 짝수가 되지 않을 수 있지만, 홀수가 소멸되면서 그 대신에 짝수가 되는 것은 무엇으로 막을 수 있겠습니까?'

만일 누군가가 이렇게 묻는다면, 우리는 홀수가 소멸하지 않는다고 증명할 수 없을 것이네. 왜냐하면 짝수를 받아들이지 않는 것이 파괴를 받아들일 수 없는 것은 아니니까. 만일 우리가 이것에 동의한다면, 짝수가 다가올 때 홀수와 셋은 떠나가 버린다고 쉽게 주장할 수 있을 거야. 그리고 불과 뜨거움 그리고 나머지 것들에 대해서도 이런 주장을 할 수 있을 게야. 그렇지 않은가?" 소크라테스 선생님께서 말씀하셨습니다.

"물론입니다."

"그러면 죽지 않는 것의 경우에도 이와 같이 말할 수 있겠지. 만일 우리가 죽지 않는 것 역시 파괴될 수 없다는 데 동의한다면, 영혼은 죽지 않는 것이면서 또한 파괴되지 않는 것이지. 하지만 동의하지 않는다면, 다른 논의가 필요할 걸세."

"그 문제에 관해서라면 다른 논의는 필요 없습니다. 만일 죽지 않는 것이 영원하면서도 파멸을 받아들인다면, 파멸을 받아들이지 않을 것은 거의 없을 테니까요." 그가 말했습니다.

"신과 삶의 형상 자체 그리고 그 밖의 죽지 않는 것이 절대로 소멸하지 않는다는 사실은 모든 사람의 동의를 얻으리라고 나는 생각하네." 소크라테스 선생님께서 말씀하셨습니다.

"맹세컨대, 사람은 물론이거니와 더 나아가 신에게서 동의를 얻으리라 생각합니다." 그가 말했습니다.

"죽지 않는 것은 불멸하는 것이니, 영혼이 죽지 않는 것이라면 마찬가지로 파괴되지도 않겠지?"

"대단히 필연적입니다."

〈죽음과 함께한 자화상〉
언제나 삶을 불러내는 영혼은 삶에 대립되는 죽음이라는 성질을 받아들일 수 없다. 따라서 영혼은 불멸성을 지닌다. 아놀드 뵈클린의 1872년 작.

**영혼의 불멸**
천국에서 영혼들이 원을 그리고 노래를 부르며 춤을 추고 있다. 구스타브 도레의 《신곡》 삽화.

"그러면 죽음이 사람을 공격하면, 사멸하는 부분은 죽겠지만 죽지 않는 부분은 죽음에 그 자리를 내어 주고 온전하고 불멸의 상태로 떠나 버릴 것 같은데."

"그럴 것 같습니다."

"그렇다면 케베스, 다른 무엇보다 영혼은 죽지 않고 파괴될 수도 없는 것이니 우리의 영혼은 정말로 하데스(저승)에 있게 될 거야." 소크라테스 선생님께서 말씀하셨습니다.

제5장

# 마지막 장면

### 신화

"선생님! 제 입장에서는 이 논의에 대해 할 말이 전혀 없으며, 의문의 여지도 없습니다. 하지만 만일 여기 있는 시미아스나 다른 누군가가 뭔가 할 말이 있다면, 침묵을 지키지 말고 말하는 편이 좋겠습니다. 이런 문제에 대해서 뭔가 말하거나 듣고자 한다면, 지금 우리 앞에 놓인 이 순간보다 우리의 논의를 미룰 만큼이나 더 좋은 시간을 저는 알지 못하니까요." 케베스가 말했습니다.

"저도 지금까지 논의된 것에 의하면 의문의 여지가 없습니다. 하지만 우리가 다루고 있는 논의가 중요하기도 하거니와 인간이란 약점이 있게 마련이니 이미 논의된 것에 관련해서 마음속에 아직도 의심을 가질 수밖에 없습니다." 시미아스가 말했습니다.

"그것만은 아닐 거야, 시미아스! 자네 말이 옳아. 그리고 자네가 최초의 가정假定들을 믿는다 하더라도 그것들을 철저하게 검토해야만 하네. 그리고 자네들이 그것들을 충분히 분석해 보면, 인간의 힘이 미치는 데까지 그 논의의 맥락을 따라가게 될 거야. 그리고 바로 그것이 확실해지면, 더는 추구하지 않을 걸세." 소크라테스 선생님께서 말씀하셨습니다.

"옳으신 말씀입니다." 그가 말했습니다.

"하지만, 여보게들! 이것만은 꼭 유념해 두게. 만일 영혼이 정녕 죽지 않는다면, 우리가 살고 있다고 말하는 이 시간은 물론이고 영원한 시간을 위해서도 우리는 영혼을 보살펴야 한다네. 자신의 영혼을 소홀히 하는 사람은 엄청난 위험을 감수해야 할 걸세. 만일 죽음이 모든 것으로부터의 벗어남이라면, 나쁜 사람들에게는 천행天幸일 테지. 죽으면서 영혼과 몸과 그들 자신의 나쁨(사악함)에서도 벗어나게 되는 것이니 말이야. 하지만 영혼은 죽지 않는 것이 분명하니, 영혼이 나쁜 것들에서 벗어날 수단이나 구원받을 길은 가능한 훌륭해지고 지혜로워지는 것 말고는 없을 것이네. 영혼이 하데스로 가면서 가지고 갈 수 있는 것은 교육(교양)과 생활 방식밖에 없으니 말이야. 이것들이 저승으로 가는 여정의 바로 첫 단계에서부터 죽은 사람에게 가장 이롭거나 해로운 것이라고들 하지.

전하는 이야기에 따르면, 사람마다 살아 있는 동안 지켜보도록 정해져 있는 수호신이 있는데, 그 사람이 죽으면 수호신이 그를 데리고 죽은 사람들이 모여 있는 곳으로 간다네. 죽은 사람들은 거기서 심판을 받고 저승으로의 여정을 시작해야 한다네. 이 여정에는 저승으로 그들을 데리고 가도록 임무가 지워진 안내자들이 함께하지. 그리고 거기에서 마땅히 해야 할 일들을 겪고 필요한 시간 동안 머물고 나면, 또 다른 안내자가 오랜 시간의 순환을 수없이 지나고서 그들을 다시 이승으로 데리고 온다네. 그런데 아이스킬로스●의 텔레포스●는 저승

● **아이스킬로스** 고대 그리스의 비극시인(기원전 525~기원전 456). 《결박 당한 프로메테우스》, 《오레스테이아》 등의 작품을 남겼다.

● **텔레포스** 텔레포스는 아르카디아의 왕이던 알레오스의 딸 아우게와 헤라클레스 사이에서 태어난 아들이다. 그런데 이 구절에서 텔레포스라는 이름은 아이스킬로스가 남겼으나 전해지지 않은 작품 이름인지, 아니면 다른 작품에 등장하는 인물인지 명확하지 않다.

**〈헤카테〉**
삼거리에는 헤카테 여신상이 있는데, 사람들은 한 달에 한 번 신상 아래에 음식상을 차렸다. 헤카테 여신은 달·대지·지하의 여신이 한 몸으로 되었으며, 부와 행운을 가져다준다고 한다. 윌리엄 블레이크의 1795년경 작.

으로 가는 길이 편도라고 말하지만, 내 생각으로는 편도도 외길도 아닌 것 같네. 길이 단 하나뿐이라면 안내자도 필요 없고 길을 잃는 일도 없겠지. 하지만 실은 갈림길이나 삼거리도 많은 것처럼 보이네. 난 이승에서 사람들이 베푸는 제물을 바치는 의식과 관습들을 보고 말하는 걸세.

규율을 지키고 지혜로운 영혼은 길을 따라가면서도 자신이 처한 상황을 잘 안다네. 그러나 앞서 말한 대로 몸을 갈구하는 영혼은 시신과 가시可視적인 영역 주변을 오랫동안 흥분해서 서성거리다가, 많은 저항과 시련을 겪고 나서 지정된 수호신에게 강제로 그리고 아주 힘겹게 이끌려 가지. 그렇게 다른 영혼들이 있는 곳에 도착하더라도, 이 영혼이 정화되지 않았고 부당한 살인에 관여하는 것 같은 행위나 그와 유사한 행위 또는 그와 같은 영혼들이 저지르는 행위를 했다면, 모두가 이 영혼을 피하고 외면하지 길동무나 안내자가 되려고 하지 않을 걸세. 그래서 이 영혼은 극심한 혼란 상태에 빠져 어느 정도 시간이 지날 때까지는 홀로 방황하게 된다네. 그리고 이 시간이 지나면 필연에 의해 자기에게 알맞은 거처를 안내받는 것이지. 하지만 순수하고 절도 있는 삶을 산 영혼은 길동무와 안내자가 되어 줄 신들을 얻어 각자 자기에게 적당한 장소에 안주하게 된다네.

그런데 누군가가 나를 설득했듯이, 지구에는 놀라운 곳이 많이 있으며 지구의 본성이나 크기는 항상 지구를 묘사하는 사람들이 생각하는 그런 정도가 아니라네." 선생님께서 말씀하셨습니다.

그러자 시미아스가 말했습니다.

"선생님! 무슨 말씀이신지요? 저도 지구에 대해서 많은 이야기를 들었습니다만, 선생님을 설득시킨 그런 이야기는 못 들어 봤습니다. 한번 들어 봤으면 좋겠습니다."

"시미아스, 그 이야기를 하는 네 글라우코스의 솜씨가 필요하다●고는 생각하지 않네. 하지만 그것이 진실임을 보여 주는 것은 글라우코스의 솜씨로도 내겐 너무 어려워 보이는구먼. 나 자신이 할 수 없는 일이기도 하거니와 설령 내가 할 줄 안다고 해도 그 논의를 늘어놓기엔 내 남은 생이 충분치 않아 보이네. 그렇지만 내가 믿게 된 지구의 모양, 그리고 다양한 지역에 대해서 말하는 것은 그 무엇도 막지 못할 게야."

"그것만으로도 충분합니다." 시미아스가 말했습니다.

"먼저 난 이런 것을 믿게 되었다네. 만일 지구가 둥글고 하늘 한가운데 있다면, 지구가 떨어지는 것을 막기 위해 공기나 그런 종류의 강제력이 필요하지 않겠지. 하늘 자체가 모든 방향에서 같은 거리를 유

● 이 말은 전문적인 지식이나 기술을 일컫는 옛 그리스의 속담이다. 확실하지는 않으나 글라우코스는 사모스 혹은 키오스 출신이라고 알려져 있고 용접 기술을 발명했다고 전해진다.

**헤라클레스의 기둥**
오늘날의 지브롤터 해협을 말하며, 대서양과 지중해가 만나는 곳의 양쪽 끝에 두 개의 기둥이 서 있었다고 해서 전해진 말이다(171쪽 지도 참조). 그림은 1620년 발간된 프랜시스 베이컨의 《신기관》 표지로, 헤라클레스의 기둥을 빠져나가는 돛단배가 그려져 있다.

● **파시스 강** 소아시아 북쪽에 있는 강으로 유럽과 아시아 사이의 동쪽 경계선으로 간주된다. 지금의 리오니 강을 가리킨다.

지하고 있어 지구 자체의 평형이 지구를 유지하기에 충분한 거지. 왜냐하면 동일한 어떤 것의 한가운데 평형 상태로 있는 것은 어떤 방향으로도 많건 적건 기울어질 수가 없고, 똑같은 상태로 기울지 않고 머물러 있기 때문이라네. 그래서 나는 이것을 가장 먼저 믿게 되었다네." 선생님께서 말씀하셨습니다.

"마땅히 그러합니다." 심미아스가 말했습니다.

"더 나아가 지구는 아주 아주 큰 것이며, 파시스 강●에서 헤라클레스의 두 기둥 사이의 지역에 살고 있는 우리는 마치 개미나 개구리가 늪 주변에 살고 또 다른 많은 것이 이런 종류의 여러 지역에 살듯이, 지구의 작은 지역에 살고 있다는 것을 믿게 되었다네.

지구 전역에는 다양한 모양과 크기의 분지가 많고, 그 안으로 물과 안개와 공기가 흘러 들어간다고 하지. 하지만 지구 자체는 순수한 것으로 별이 있는 순수한 하늘 가운데에 놓여 있는데, 이러한 것들을 항상 이야기하는 많은 사람들은 그 하늘을 에테르라고 한다네. 물과 안개와 공기는 에테르의 침전물인데, 그것들은 항상 지구의 분지로 함께 흘러 들어가지.

우리는 지금 지구의 분지에서 살고 있는 것도 모르면서 지구의 위쪽에 살고 있다고 생각하고 있지. 마치 바다 밑바닥 한가운데 살고 있는 누군가가 자신이 바다 위쪽에 살고 있는 것처럼 생각하고, 물을 통해서 태양과 별을 보면서 바다를 하늘로 생각하는 것처럼 말이야. 하지만 그는 느리고 나약해서 바다 표면에 이르지도 못하고, 따라서 바다 밖으로 뛰어 올라 이 세상이 자기들이 사는 곳보다 얼마나 더 순수하고 아름다운지 보지도 못하고, 그것을 본 다른 사람에게 전해 듣지도 못하는 것이지.

우리가 처한 상황이 이와 똑같다네. 왜냐하면 우리도 지구의 분지에서 살고 있으면서 지구의 위쪽에 살고 있다고 생각하고, 대기를 하늘이라 부르며, 마치 별들이 그 대기 안에서 운행하는 것처럼 생각하기 때문이지. 나약함과 게으름 때문에 대기(공기)의 한계를 돌파할 수 없는 것도 똑같다네. 만일 누군가가 대기의 꼭대기에 오르거나 날개가 자라 날아오를 수 있게 된다면, 그 사람은 머리를 내밀어 여기에 있는 것을 보는 바다 물고기처럼 그곳에 있는 것을 볼 수도 있겠지. 그리고 만일 그 사람 안에 있는 천성이 그 광경을 바라보는 것을 견딜 만큼 충분하다면, 그는 그것이야말로 참된 하늘이고, 참된 빛이며, 참된 땅임을 깨닫게 될 걸세. 왜냐하면 이 땅과 돌들 그리고 이곳의 모든 지역은 부패되고 부식되었기 때문이라네. 마치 바다 안에 있는 것들이 소금물에 의해 그런 것처럼 말이야.

바다 속에는 아무것도 제대로 자라지 않고 한마디로 아무것도 완전하지가 않으며, 침식된 바위와 모래만이 있네. 땅이 있는 곳도 엄청난 진흙과 진창뿐이라, 결코 우리 주변에 있는 아름다움과 비교할 만한 가치가 없는 것이라네. 하지만 저 세상에 있는 것들은 우리 지역에 있는 것들을 훨씬 능가하는 것으로 보일 걸세. 만일 내가 이야기를 해도 좋다면, 하늘 아래의 지구(땅) 위에 있는 것들이 어떠한지는 들을 만한 가치가 있을 거야, 시미아스!" 소크라테스 선생님께서 말씀하셨습니다.

"그 이야기를 무척이나 듣고 싶습니다, 선생님!" 시미아스가 말했습니다.

"이런 이야기지. 첫째, 지구 자체는 위에서 바라보면 마치 열두 조각의 가죽으로 된 공과 같아서 다채롭고 여러 가지 색으로 구분되어 있네. 저 위에 있는 모든 땅은 이와 같은 색깔들로 이루어져 있는데, 이곳의 색깔보다 훨씬 더 밝으며 순수하지. 어떤 부분은 놀라울 정도로 아름다운 자주색이고 또 다른 부분은 황금처럼 보이고 흰 부분은 온통 백악(白堊)이나 눈보다도 더 하얗다네. 그 땅은 이 세상과 같은 방식으로 구성되어 있지만 그 색깔은 우리가 본 것보다 훨씬 더 다양하

**하늘과 지구의 경계**
순례자 차림의 사람이 커튼처럼 막힌 지구와 하늘의 경계로 고개를 내밀고 있다. 1888년 간행된 책에 실린 삽화. 중세 목판화로 추정된다.

고 아름답지. 물과 공기로 가득 차 있는 그 땅의 분지들 자체도 여러 가지 다채로운 색깔들 속에서 빛을 내며, 어떤 색깔을 띠게 되고, 그래서 그 땅은 하나의 연속이면서도 다채로운 모습을 보인다네. 이러한 그곳 땅에서 자라나는 것들, 즉 나무·꽃·과일도 이와 유사한 비례로 자라지.

그리고 그곳의 산이나 돌들도 똑같은 비례로 부드럽고 투명하며 더 아름다운 색깔을 가지고 있다네. 여기서 귀하게 여기는 작은 돌들, 홍

옥紅玉, 벽옥碧玉, 취옥翠玉, 이와 같은 모든 것들은 그곳에 있는 것들의 조각일 뿐이네. 그리고 그곳에는 여기에 있는 보석과 똑같지 않은 것은 아무것도 없고 훨씬 더 아름답다네. 왜 그러냐 하면 그곳에 있는 돌은 순수하며, 부식되지도 파괴되지도 않기 때문이야. 이곳에서는 부식 작용과 소금물에 의해서, 함께 흘러 들어온 모든 것 때문에 돌과 흙 그리고 동물과 식물이 추해지고 병이 들게 되지. 그러나 저 위에 있는 땅은 그 자체로 이런 보석, 그리고 더 나아가 금과 은, 그 밖의 그런 종류의 것들로 장식되어 있다네. 이것들은 겉으로 노출되어 있으며, 수적으로나 양적으로 도처에 넘쳐나서 축복받은 사람들이 볼 만한 광경이라네.

    그 땅에는 많은 다른 동물뿐만 아니라 인간도 있는데, 그중 일부는 내륙에 거주하지만, 일부는 마치 우리가 바닷가에 살고 있는 것처럼 대기 주변에 거주하며, 또 다른 일부는 대기가 흘러들고 대륙 가까이에 있는 섬에 살고 있다고 하네. 한마디로 말해서, 물과 바다가 우리에게 필요하듯 그곳에서는 대기가 필요하고, 우리에게 공기가 필요하듯 그곳 사람들에겐 에테르가 필요하다지. 그리고 그곳의 기후는 사람을 병들시 않게 하여 여기 사람들보다 훨씬 오래 살게 할 만큼 그렇게 잘 혼합되어 있으며, 공기가 물보다 훨씬 더 순수하고 에테르가 공기보다 훨씬 더 순수한 만큼 그곳 사람들은 시각이나 청각, 지혜 그리고 그와 같은 모든 능력에서 우리보다 훨씬 뛰어나지. 그리고 특히나 그곳에는 신을 위한 성역과 사원이 있는데 그 안에는 실제로 신들이 거주하여, 그곳 사람들은 신들의 발언과 예언을 듣고 신에 대해 자각할 수 있으며 이와 같이 신과 함께하는 일을 직접 겪네. 그리고 그곳 사람들은 태양과 달 그리고 별들을 있는 그대로 보며 다른 것에서도 이와 똑같은 행복을 누린다네.

    온 지구와 지구를 둘러싸고 있는 것들의 본성이 이상과 같은 것이

**포도주 희석 용기**
고대 그리스인들은 포도주를 원액으로는 마시지 않고 물에 희석해서 마셨다고 한다. 테베에서 출토된 기원전 400년경 포도주 희석 용기.

라네. 하지만 지구 안에는 지구 전체를 에워싸고 있는 분지라고 정의되는 지역들이 많이 있는데, 어떤 곳은 우리가 살고 있는 곳보다 더 깊고 넓게 펼쳐져 있고, 어떤 곳은 깊기는 하지만 우리 지역만큼 틈새가 나 있지 않으며, 또 어떤 곳은 우리가 사는 곳보다 깊이는 더 얕지만 더 넓다네. 이 모든 지역은 서로 지하에서 좁고 넓은 통로들로 사방으로 연결되어 있고, 마치 포도주 희석 용기 안으로 흘러들듯 많은 물이 한 곳에서 다른 곳으로 흘러가는 수로가 있다고 하네.

그리고 지구 아래에는 뜨거운 물과 찬물이 영원히 흐르는 엄청난 크기의 강이 있다네. 게다가 거대한 불과 불의 강들도 있고, 물기가 많은 진흙의 강들도 많은데, 어떤 것은 좀 더 깨끗하고 또 어떤 것은 좀 더 질척하다고 하네. 마치 시켈리아*에 있는 진흙의 강과 그 뒤를 따라 흐르는 용암처럼 말이야. 그리고 순환하는 흐름이 도달할 때마다 물, 불, 진흙 등으로 각각의 지역이 채워진다네. 이 모든 것은 마치 땅 속에 진동이 있는 것처럼 위아래로 움직이지. 이 파동의 성질은 다음과 같은 걸세. 즉 지구의 벌어진 틈 가운데 유난히 큰 틈이 하나 있는데, 이것은 지구 전체를 곧바로 관통하고 있다네. 호메로스는 이렇게 말했지.

아주 멀리, 땅 아래 가장 깊은 심연이 있는 곳에

그것이 바로 다른 곳에서도 호메로스와 다른 많은 시인들이 타르타로스라고 부른 것일세. 모든 강이 이 벌어진 틈으로 흘러 들어갔다가 다시 흘러나온다네. 강물의 성질은 그 강이 흘러가는 토양의 성질로 결정되지.

● **시켈리아** 에트나 화산이 있는 시칠리아 섬을 가리킨다.

**타르타로스**
타르타로스는 하늘과 땅 사이의 거리만큼 땅 밑에 있다는 심연으로 일종의 유폐 장소다. 제우스에 맞서던 티탄 족이 이곳에 갇혀 있다고 한다. 코르넬리스 반 하를렘의 1588년 작 〈티탄의 추락〉.

이 강물이 여기에서 저기로 흘러가는 원인은 바닥도 머물러 있을 곳도 없어서라네. 그래서 이 물은 진동하고 위아래로 물결치며, 그 주변의 공기와 바람도 똑같이 움직이지. 이 물이 지구의 이쪽으로 몰려왔다가 다시 저쪽으로 몰려갈 때, 공기와 바람이 함께 흘러 다니는 걸세. 마치 사람들이 숨을 쉴 때 공기가 나갔다 들어왔다 하듯이, 물과 함께 진동하는 공기는 들어가고 나오면서 무섭고도 엄청난 바람을 불러일으킨다네.

그래서 그 물이 아래쪽이라 불리는 지역으로 물러가면, 지구를 관통하는 흐름들을 따라 흘러가서 쏟아붓듯 그 흐름들을 채운다네. 그리고 다시 그 물이 거기에서 떠나 와서 이쪽으로 몰려들면, 그땐 이곳의 흐름을 다시 채우게 되지만, 이 채워진 흐름들은 수로와 땅을 관통해서 흐르다가 각기 나아가는 쪽의 지역에 이르러, 바다와 호수 그리고 강과 샘을 이룬다네.

여기에서 다시 지하로 스며든 흐름들은 일부는 더 넓고 더 많은 지역을 돌고 다른 어떤 것은 더 적고 더 좁은 지역을 돌아, 다시 타르타로스로 흘러 들어가는데, 일부는 그것들이 쏟아졌던 곳보다 훨씬 더 아래쪽으로 흘러 들어가지만, 어떤 것은 약간만 더 아래쪽으로 흘러 들어가지. 하지만 모두 흘러나온 지점보다는 아래로 흘러간다네. 또 흘러나온 곳과 정반대로 흘러 들어가는 것이 있는가 하면 같은 쪽으로 흘러 나가는 것도 있다네. 그리고 완전히 원을 그리며 도는 것이 있는데, 단 한 바퀴를 도는 경우도 있고 마치 뱀처럼 지구 주위를 여러 차례 휘감아 도는 경우도 있으며, 가능한 아래로 내려가서 타르타로스로 다시 흘러 들어가지. 흐름의 어느 한쪽이든 중심으로 내려가는 것은 가능하지만, 그 이상 흘러내려 가는 것은 불가능하다네. 중심을 기점으로 모든 흐름이 위쪽으로 경사져 있기 때문이지.

이 외에도 온갖 종류의 많고도 큰 강들이 있다네. 이 많은 강들 가운데 특히 네 개의 강이 있는데, 가장 크고 원을 그리며 바깥쪽으로 흐르는 것은 이른바 오케아노스지. 이와 반대편에서 반대 방향으로 흐르는 것이 아케론인데, 이 강은 여러 사막 지대를 지나 지하로 흐르다가 아케루시아스 호수에 도달하지. 죽은 사람들의 영혼은 이곳에 계속해서 도착하고 정해진 시간 동안, 어떤 영혼은 더 길게 또 어떤 영혼은 더 짧게 머무른 다음 생명체로 탄생하기 위해 다시 내보내진다네.

셋째 강은 이들 두 강 사이에서 갈라져 나오는데, 출구 근처에서 온통 불로 이글거리는 거대한 지역으로 쏟아져 나오며 물과 진흙으로 끓어오르는, 우리의 바다보다 더 큰 호수를 형성한다네. 여기서부터 이 강은 농밀한 진흙투성이로 원을 그리며 물길을 만들어 땅 주변을 감돌면서 여러 곳을 지나 마침내 아케루시아스 호수의 가장자리에 도달하지만, 호수의 물과는 섞이지 않고 지하에서 여러 번 돌다가 더 아래 타르타로스로 흘러 들어간다네. 이것이 바로 사람들이 피리플레게톤이

**아케론 강**
아케론 강가에서 망령들이 떼 지어 있고, 망령들을 태워다 주는 뱃사공 카론이 노를 휘두르고 있다. 구스타브 도레의 《신곡》 삽화.

라 부르는 강인데, 이곳으로부터 용암의 흐름들이 땅의 표면에 도달할 때마다 작은 조각들을 불어 날린다고 하네.

그리고 다시 이 강의 정반대편에 넷째 강이 먼저 짙푸른 색이 감도는 무섭고도 거친 지역에서 비롯된다네. 이 강이 일명 스틱스 강이고, 이 강이 흘러 들어가서 만들어진 호수가 스틱스 호수지. 이 호수 안으로 흘러 들어온 강물은 엄청난 힘을 얻어 땅 밑으로 스며들지. 그리고 피리플레게톤과 반대되는 방향으로 돌아가서 아케루시아스 호수와 반대편에서 만나게 되지. 그런데 이 강물도 다른 강물과 섞이지 않고 원을 그리며 돈 후에 피리플레세돈의 반대편에서 타르타로스로 흘러 드네. 이 강의 이름은 시인들이 말한 대로 코키토스라네.

이것들의 성질이 이상과 같으므로, 죽은 자들이 신의 안내자의 인도를 받아 그곳에 도착하면, 훌륭하고 경건하게 산 자들과 그렇지 못한 자들부터 먼저 심판을 받지. 중간 정도의 삶을 산 자들은 아케론까

**코키토스**
코키토스에는 혈족을 배신한 자들이 얼음 속에 얼어붙어 있다. 구스타브 도레의 《신곡》 삽화.

지 걸어가서 그들을 위해 준비된 배에 올라 그 호수에 도착하네. 거기에 살면서 만일 죄를 저지른 적이 있다면, 자신들이 저지른 부당한 행위에 대한 죗값을 치르고 정화가 되면 용서를 받지. 그리고 선행에 대해서는 각 사람이 그 가치에 따라 보답을 받지.

잘못이 막중해서 치유 가능성이 없어 보이는 사람들, 즉 여러 차례 대규모로 신전 절도 행각을 벌였거나 여러 차례 잘못되고 위법한 살인 행위를 저질렀다거나 아니면 이와 같은 종류의 다른 죄를 저지른 사람들의 경우에는 마땅한 운명에 따라 타르타로스 안으로 내던져지는데, 여기에서 빠져나올 길은 없다네.

그러나 엄청난 잘못을 저질렀을지언정 치유할 수 있는 사람들, 예컨대 홧김에 아버지나 어머니에게 폭력을 행사했지만 나머지 삶을 뉘우치면서 산 사람들이나 이와 비슷한 방식으로 살인범이 된 자들은 타르타로스 안으로 떨어지는 것이 필연적이기는 하지만, 그곳에 내던져지고 일 년이 지나면 큰 파도가 일어 살인범은 코키토스를 통해, 부모를 폭행한 자는 피리플레게톤을 통해 밖으로 내던져진다네. 그리고 강물에 실려와 아케론 호수에 다다르면 어떤 이들은 자신이 죽인 사람들을, 또 어떤 이들은 자신이 폭행을 가한 사람들을 울부짖어 부른다네. 그렇게 그들을 불러서는 탄원을 하고 이 사람들에게 호수 안으로 들어가 받아들여질 수 있게 해 달라고 간청을 하지. 그래서 설득이 되면 강에서 빠져 나와 괴로움에서 헤어나지만, 만일 설득하지 못하면 다시 한번 타르타로스 안으로 휩쓸려서 거기서부터 다시 강으로 들어가게 된다네. 이 모든 것은 자신에게 악행을 당한 사람들에게 설득을 받고 나서야 비로소 끝이 난다네. 이것이 심판자들이 그들에게 내린 판결이기 때문이지.

그러나 특별히 거룩한 삶을 산 것으로 여겨지는 사람들은 마치 감옥에서 나온 것처럼 이 땅 여기에서 자유롭게 해방되어, 저 위의 순수한 거처에서 살게 된다네. 이런 사람들 가운데 지혜에 대한 사랑으로 충분히 정화된 사람들은 그 뒤로 계속 몸 없이 살게 되며, 앞에서 말한 사람들의 거처보다 훨씬 아름다운 거처에 이르는데, 이것은 드러내기가 쉽지도 않거니와 지금은 시간도 충분치 않네 그려.

하지만 이제, 시미아스! 앞에서 묘사한 것과 같은 이 모든 이유로 우리는 인생에서 훌륭함과 지혜에 관여하기 위해 최선을 다해야만 하네. 그 상賞은 훌륭하고, 우리의 희망도 크기 때문일세.

지각 있는 사람이라면 내 이야기가 전부 사실이라고 주장하지는 않을 거야. 그렇지만 우리의 영혼 그리고 우리의 영혼이 깃드는 곳의 참모습은 내가 말한 대로이거나 아니면 그와 아주 유사할 텐데, 그 이유는 영혼이 죽지 않는다는 것이 확실하게 드러났기 때문이지. 그래서 이렇게 믿는 사람은 모험을 해야 하는데 난 그럴 만한 가치가 있다고 생각하네. 이 모험은 고귀하기 때문에 마치 주문처럼 이러한 것들을 자기 자신에게 자꾸만 되뇌어야 한다네. 이것이 내가 이야기를 길게 늘어뜨린 이유라네.

### 최후의 장면

이런 이유들 때문에 어느 누구라도 자신의 영혼에 확신을 가져야만 하네. 다시 말해서, 살아가는 동안 육체적 즐거움이나 몸치장을 마치 낯선 것처럼 거부하며, 그것들이 이롭기보다는 해를 끼친다고 생각하고, 배움의 즐거움에 전념하며, 자기의 영혼을 낯설지 않은 영혼 자체를 위한 장식물인 절제와 정의·용기·자유·진리로 장식하고, 운명이 부를 때면 언제든지 하데스로의 여행을 떠나려고 기다리고 있는 사람들처럼 말일세.

자네들, 시미아스와 케베스 그리고 다른 사람들도, 앞으로 어느 땐가 이런 여행을 할 걸세. 운명이 나를 부르는구먼. 비극 속 주인공이 내뱉을 만한 말이지만, 욕실로 향할 시간이 다 된 것 같군. 물론 목욕을 한 후에 독약을 마시는 편이 좋을 것 같아. 그래야 여인들이 시체를 닦는 수고를 덜게 될 테니 말일세."

소크라테스 선생님께서 이 말씀을 하시자 크리톤께서 말씀하셨습니다.

"좋아, 소크라테스! 이 사람들이나 내게 자네 아이들이나 그 밖의 일에 대해 마지막으로 지시할 일이 뭔가? 우리가 자네를 위해 들어줄 수 있는 특별한 부탁이라도 있는가?"

"내가 늘 이야기하던 것들이야. 크리톤! 새로울 건 아무것도 없다네. 자네들 스스로를 돌본다면, 자네들이 나나 내 가족 그리고 자네들 자신을 위해 무슨 일을 하든 모두 도움이 될 거야. 지금 당장 약속을 하지 않더라도 말이야. 하지만 만일 자네들이 자신들을 돌보지 않는다면, 마치 발자국을 따라가듯 지금 그리고 이전에 내가 말한 대로 살려고 하지 않는다면, 지금 당장 아무리 많이 다짐을 하더라도 제대로 할 수 있는 건 아무것도 없을 걸세." 소크라테스 선생님께서 말씀하셨습니다.

"그러면 자네가 말한 대로 하려고 힘쓰겠네. 헌데, 우리가 자네를 어떤 식으로 매장해야 하겠나?" 크리톤께서 물으셨습니다.

"자네들이 원하는 대로 하게나. 나를 붙잡아 내가 달아나지 못하게 할 수 있다면 말이야." 선생님께서 말씀하셨습니다. 그리고 가만히 웃으시면서 우리 쪽을 바라보며 말씀하셨습니다.

"여보게들, 난 크리톤을 설득하지 못하고 있네. 내가 이 소크라테스라는 것, 즉 지금 대화를 나누고 우리의 논점 하나하나를 정리하고 있는 사람이라는 것을 말일세. 크리톤은 나를 잠시 후에 주검으로 보게 되리라 생각하고는 어떻게 매장해야 하는지를 묻고 있지 않나. 내가 독약을 마시면 그 후엔 자네들과 남아 있지 못하지만, 축복받은 사람들이 있는 행복한 세상으로 떠나가는 것임을 보여 주려 오랜 시간 동안 긴 논의를 했건만, 자네들과 나 자신을 위로하면서 내가 한 말이 이 사람에게는 공연한 짓으로 보이네 그려.

크리톤 앞에서 나를 보증해 주게. 배심원들 앞에서 크리톤이 해 준 보증과 반대로. 크리톤은 내가 머물 거라고 단언했네. 그러나 내가 죽으면, 절대로 머물지 않고 떠나가 버릴 거라는 데 대해서 자네들이 보증해 주게나. 그래야 크리톤도 훨씬 수월하게 견딜 수 있을 테고, 내 몸이 태워지거나 매장되는 것을 보고서 내가 끔찍한 일을 겪고 있다고 생각하여 안절부절하지 않도록, 또한 그가 장례식에서 '소크라테스의 입관 준비를 한다, 무덤으로 옮긴다, 매장한다' 등의 말을 하지 않도록 말이야.

여보게, 크리톤! 잘 알아 두게나. 올바르게 말을 하지 못하는 것은 그 자체로도 잘못된 짓일뿐더러 우리의 영혼에도 해가 되는 일일세.

**장례**
시신을 묘지로 운반하는 모습을 그린 그리스 도기.

그러니 자네는 확신을 가지고 '내 몸'을 매장한다고 말해야만 하네. 자네에게 적당해 보이는 대로 그리고 자네가 관습에 가장 잘 맞다고 생각하는 대로 매장해 주게나."

 선생님께서는 말씀을 마치시고 나서 일어나 목욕을 하러 방으로 들어가셨습니다. 그리고 크리톤께서는 선생님을 따라가시면서 우리에게 뒤에서 기다리라고 하셨습니다. 그래서 우리는 기다리면서, 논의된 것들을 우리끼리 이야기하고 다시 한번 검토해 보았습니다. 그러다 마침내 우리에게 정말 큰 불행이 닥쳐 왔다는 데 생각이 미치자 마치 아버지를 여의고 고아로 여생을 보내게 된 것 같은 느낌이 들었습니다.

 선생님께서 목욕을 마치시고 나자 자제들이 선생님께로 안내되었습니다. 선생님께서는 어린 아들 둘과 다 큰 아들 하나를 두셨지요. 집안의 부인들도 오셨습니다. 선생님께서는 크리톤을 앞에 두고 그분들과 이야기를 나누시고 몇 가지 당부하신 후, 그들을 돌려보내고는 우리에게 돌아오셨습니다.

안에서 오랜 시간을 보내시는 동안 어느덧 해질녘이 다가왔습니다. 선생님께서 와서 앉아 계시다가 정갈히 목욕도 하셨으며, 그 이후로는 별 말씀이 없으셨습니다. 그때 11인 위원회의 보좌관이 와서는 선생님 곁에 서더니 말했습니다.

"소크라테스 선생님! 다른 사람들을 탓하는 것처럼 선생님을 탓하지는 않겠습니다. 제가 집정관들의 명령에 따라 사람들에게 독약을 마시라고 지시를 하면 그 사람들은 제게 화를 내고 저주를 퍼붓습니다. 선생님께서 여기 계시는 동안, 전 선생님이야말로 이곳에 온 그 누구보다도 가장 고귀하고 너그럽고 훌륭한 분임을 알게 되었습니다. 게다가 선생님께서는 누구에게 책임이 있는지를 알고 계실 테니, 제가 아니라 그분들에게 화를 내리란 걸 잘 알고 있습니다. 제가 무슨 말을 전하려고 왔는지 알고 계실 겁니다. 안녕히 가십시오. 그리고 이러한 피할 수 없는 일들을 가능한 쉽게 견디도록 노력해 보세요."

뒤돌아 울면서 그는 가 버렸습니다. 그리고 소크라테스 선생님께서도 그 뒷모습을 바라보시며 말씀하셨습니다.

"당신도 잘 계시오. 그리고 당신이 말한 대로 할 것이오."

그러시면서 우리에게 말씀하셨습니다.

"저 사람은 얼마나 예의가 바른가! 사실 내가 여기 있는 동안 줄곧 나를 찾아 왔고 가끔은 이야기도 나누었지. 아주 좋은 사람이야. 지금도 나를 위해 얼마나 고귀하게 울고 있는가! 그러면 크리톤, 저 사람의 말을 따르기로 하세. 독약을 찧어 놓았으면 가져오라고 하게. 만일 찧어 놓지 않았다면, 사람을 시켜 찧게 하게."

그러자 크리톤께서 말씀하셨습니다.

"하지만 소크라테스! 해가 아직 산에 걸려 있다네. 아직은 해가 진 게 아닐세. 다른 사람들은 명령이 내려진 후에도 한참 뒤에야 독약을 마신다는 것을 난 알고 있네. 잘 먹고 마시고 난 후에 심지어는 욕망이 일어나는 사람과 성관계까지 갖는다는 것도 말일세. 아직은 시간이 남아 있다네."

그러자 소크라테스 선생님께서 말씀하셨습니다.

"크리톤! 자네가 말한 그 사람들에게는 그런 짓을 하는 것이 당연하지. 그 사람들은 그런 행동을 통해 이득을 얻는다고 생각하니까. 그리고 난 그런 짓을 하지 않는 것이 당연하고. 난 조금 늦게 독약을 마신다고 해서 내게 이득이 되리라고 생각하지 않네. 삶에 집착해서, 그리고 남아 있는 것이 아무것도 없는데도 아끼려고 함으로써 내 자신을 조롱거리로 만드는 것 말고는 말일세. 이제 가게나. 내가 원하는 대로 해 주게나, 다른 것은 말고." 선생님께서 말씀하셨습니다.

이 말씀을 듣고 크리톤께서 가까이 앉아 있던 소년에게 고갯짓을 했습니다. 그 소년은 나가고 한참이 지난 후에야 선생님께 독약을 드릴 사람과 함께 왔습니다. 그 사람은 찧어 놓은 것을 잔에 담아 들고 있었지요. 선생님께서 그 사람을 보시고는 물으셨습니다.

"좋소. 당신은 이 일에 대해 잘 알고 계실 테니, 어떻게 해야 하는지 알려 주시오."

"그냥 마시고 다리가 무거워질 때까지 거니시기만 하면 됩니다. 그런 다음에는 누우세요. 그러면 저절로 약 기운이 돌 겁니다." 이렇게 말하면서 잔을 선생님께 내밀었습니다.

에케크라테스, 선생님께서는 아주 담담하게 잔을 쥐시고는 두려움도 없이 안색이나 표정의 변화도 없이, 눈을 치켜뜨고 평소처럼 황소 같은 표정으로 그 사람을 보면서 물으셨습니다.

"이 잔에서 신께 드릴 술을 따라 낸다면 당신은 뭐라 하겠소? 허용이 되오?"

"소크라테스 선생님, 저희는 마시기에 적당한 분량만큼만 찧습니

〈소크라테스의 죽음〉
자크 루이 다비드의 1787년 작.

다." 그 사람이 대답했습니다.

"알겠소. 이승에서 저승으로의 이주가 행운이 되도록 신들께 기도하는 것이야 허용될 것이고 또 마땅히 그래야만 하겠지. 이것이 내가 기원하는 바이니 그대로 이루어지기를!"

이 말씀과 함께 잔을 입술에 대시고 매우 흔쾌히 침착하게 잔을 비웠습니다. 그때까지 우리 대부분은 울음을 애써 참을 수 있었습니다. 하지만 선생님께서 독약을 마시는 모습을, 아니 이미 다 마신 것을 보자 더는 참을 수가 없었습니다. 저 자신만 해도 눈물이 억수같이 쏟아져 얼굴을 가리고 상실감에 비탄해 했습니다. 제가 비통해 한 것은 선생님을 위해서가 아니라 그와 같은 동지를 빼앗겼다는 저 자신의 불행 때문이었습니다. 크리톤께서는 눈물을 참을 수가 없어서 저보다도 먼

**아스클레피오스**
아스클레피오스는 의술의 신이고, 닭은 치료에 대한 감사의 표시로 사용되는 관습적인 제물이었다. 소크라테스는 죽음을 인간의 모든 병으로부터 해방되는 것이라 생각했다. 부조에는 아스클레피오스가 그의 상징인 뱀이 감긴 지팡이를 들고 있다.

저 일어나 나가셨습니다. 하지만 줄곧 울음을 참지 못하던 아폴로도로스는 바로 그 순간에 통곡을 했으며, 함께 있던 사람들 가운데 소크라테스 선생님 자신 말고는 울음을 터뜨리지 않은 사람은 아무도 없었습니다.

그러자 선생님께서 말씀하셨습니다.

"이 친구들아, 뭘 하고 있는 게야? 내가 이런 이유 때문에 여자들을 보낸 거라네. 이런 엉뚱한 짓을 하지 못하도록 말이야. 고요히 죽음을 맞는 것이 더 좋다는 말을 들었네. 조용히들 하고 의연하게 있게나."

이 말씀을 듣고 우리는 부끄러운 마음이 들어 울음을 참았습니다. 선생님께서는 이리저리 거니시다가 다리가 무거워졌다고 하시고는 반듯하게 누우셨습니다. 그 자세는 선생님께 약을 드린 사람이 그렇게 하도록 지시한 것이었습니다. 동시에 그 사람은 선생님을 붙잡고 잠시 후에 발과 다리를 살펴보기 시작했고 선생님 발을 세게 누르면서 감각이 느껴지는지를 물었습니다. 선생님께서는 느껴지지 않는다고 말씀하셨습니다. 다시 잠시 후에는 정강이를 눌렀습니다. 이런 식으로 위로 올라가면서, 그 사람은 선생님이 몸이 식으면서 굳어 가는 것을 우리에게 보여 주었습니다. 그리고 그 사람은 직접 선생님을 만져 보고는 심장까지 차갑게 굳어지면 그때가 마지막이 될 거라고 말했습니다.

아랫배 부분이 거의 차가워졌을 때, 이미 덮여 있던 선생님께서 직접 덮고 있던 것을 걷으면서 하신 마지막 말씀은 이것이었습니다.

"크리톤! 우리는 아스클레피오스께 닭 한 마리를 빚지고 있네. 빚을 갚아 주게. 소홀히 하지 말고."

"그리할 걸세. 그 밖에 달리 할 말이 없나 생각해 보게."

크리톤의 물음에 선생님께서는 대답이 없으셨습니다. 그리고 잠시 후에 몸이 흔들렸습니다. 마침내 그 사람이 선생님을 덮고 있던 것을 걷으니, 선생님의 눈동자는 고정되어 있었습니다. 이를 보시고 크리톤께서 선생님의 입을 다물고 눈을 감겨 드렸습니다.
　에케크라테스! 이것이 우리 친구의 마지막이었습니다. 이제까지 우리가 알던 사람 가운데 가장 훌륭하고 지혜로웠으며 올바른 사람이었다고 말해야 할 그런 분의 마지막이었습니다.

# 플라톤 연보

**기원전 428/427년**  명문가 출신의 아버지 아리스톤과 어머니 페릭티오네 사이에서 5월 7일, 아테네에서 태어났다. 스파르타와 아테네 사이의 펠레폰네소스 전쟁이 있던 시기에 청소년기를 보냈다.

**기원전 407년(20세)**  비극경연대회에 참가하려고 가던 길에 소크라테스를 만나 대화를 나눈 뒤, 자신의 글을 불태워 버리며 극작가의 꿈을 접고 소크라테스의 제자가 된다.

**기원전 399년(28세)**  소크라테스가 사형 선고를 받고 독배를 마신다. 이 일로 플라톤은 깊은 회의에 빠져 이른바 편력 시대로 접어든다.

**기원전 394년(33세)**  확실하지는 않지만, 코린토스 전쟁에서 공훈을 세웠다고 전해진다. 메가라, 타라스 등을 여행하며 견문을 넓혔다. 타렌툼에서는 피타고라스학파 사람들과 교분을 나눈다.

**기원전 392년(35세)**  시칠리아의 시라쿠사로 건너가 참주 디오시니오스 1세와 그의 처남 디온을 만난다. 이 당시 편력 시대 동안에 초기 대화편, 《소크라테스의 변론》, 《크리톤》, 《프로타고라스》, 《고르기아스》, 《이온》 등을 남긴다.

| | |
|---|---|
| 기원전 387년(40세) | 시칠리아에서 돌아와 아카데메이아라는 학원을 세우고 철학 강의와 후학 양성을 시작한다. 이때부터 60세까지 연구와 저술 활동에 집중하며, 《파이돈》을 비롯해서 《향연》, 《국가》 등을 남기면서 자신의 철학을 구축해 나간다. |
| 기원전 367년(60세) | 디오니시오스 1세가 죽자 디온의 부탁으로 다시 시라쿠사로 가서 이상 국가를 실현하려고 노력한다. 하지만 반대파 때문에 정치적 이상을 실현시키지도 못하고 생명의 위협까지 받는다. 이후로 죽을 때까지 저작 활동에 전념한다. |
| 기원전 365년(62세) | 시칠리아에서 다시 아테네로 돌아온다. 자신의 아카데메이아에서 주로 시간을 보낸다. |
| 기원전 361년(66세) | 세 번째로 시칠리아를 여행한다. |
| 기원전 360년(67세) | 다시 아테네로 돌아온다. 이후 현실 정치에 거리를 두고 원숙기의 저술 작업에 박차를 가한다. 후기 저작으로 《소피스테스》, 《필레보스》, 《티마이오스》, 《법률》 등을 남긴다. |
| 기원전 348/347년(80세) | 헤르미포스는 플라톤이 어느 결혼식 축하연에서 숨을 거두었다고 전하며, 키케로는 글을 쓰다가 영면에 들어갔다고 전한다. |

이것만은 꼭 유념해 두게. 만일 영혼이 정녕 죽지 않는다면,
우리가 살고 있다고 말하는 이 시간은 물론이고
영원한 시간을 위해서도 우리는 영혼을 보살펴야 한다네.
자신의 영혼을 소홀히 하는 사람은 엄청난 위험을 감수해야 할 걸세.